KB065662

대의 민주주의와 한국 정치제도

: 다수 지배와 소수 보호의 균형을 위한 정치제도 설계

대의 민주주의와 한국 정치제도

다수 지배와 소수 보호의 균형을 위한 정치제도 설계   문우진 지음

정치연구총서 01

REC

00:00:00   HD

버니온더문

이 책의 목적은 대의민주주의의 정치제도를 소개하고, 한국 정치제도의 특징을 살펴보는 것이다. 이 책은 아렌트 레이파트(Arend Lijphart) 교수와 조지 체벨리스(George Tsebelis) 교수의 이론적 모형을 통해 정치제도의 작동원리를 이론적으로 설명한다. 레이파트 교수는 1984년에 『민주주의』(Democracies)라는 저서에서 대의민주주의를 "다수제 모형"(majoritarian model)과 "합의제 모형"(consensus model)으로 분류하고, 21개 민주주의 국가들의 정치제도들을 비교했다. 레이파트 교수는 1999년에 『민주주의의 유형』(Patterns of Democracy)이라는 저서에서 36개 민주주의 국가들의 정치제도들을 다수제-합의제 사이의 연속선상에서 측정하고, 다수제 모형에 비해 합의제 모형이 더 나은 민주주의를 산출한다는 경험분석 결과를 제시했다. 레이파트 교수의 『민주주의』는 비교정치제도 연구의 시금석이 되었다. 이 책이 출간된 이후, 수많은 후속 연구가 민주주의 국가들의 정치제도들을 비교하고, 정치제도들이 가진 정치적·경제적·사회적 효과를 분석했다.

　체벨리스 교수는 2002년에 출간한 『거부권 행사자』(Veto Players) 라는 저서에서 정치제도들이 제도적 거부권 행사자(institutional veto players)와 정파적 거부권 행사자(partisan veto players)의 수를 결정한 다는 사실을 보여주고, 거부권 행사자의 수와 양극단에 있는 거부 권 행사자의 입장 차이는 입법 효율성에 영향을 미친다는 거부권 행사자 이론을 제시했다. 체벨리스 교수에 의하면, 거부권 행사자들 의 수와 입장 차이가 증가할수록 기존 정책의 안정성(policy stability) 이 증가하고 입법효율성이 저하된다. 입법효율성이 저하되면 입법 을 통한 사회갈등 해소가 어렵기 때문에 정치불안정이 초래될 수 있다. 거부권 행사자의 수가 증가하면 입법적 교착과 정치불안정이 초래될 수 있다는 체벨리스 교수의 주장과 다수의 거부권 행사자를 가진 합의제 정치제도가 민주주의의 질을 향상시킨다는 레이파트 교수의 주장은 서로 조응하기 어렵다.

　그렇다면 어떤 민주주의 제도가 가장 이상적인 결과를 산출하 는가? 레이파트 교수와 체벨리스 교수의 저서가 출판되기 훨씬 이 전인 1962년에 제임스 뷰캐넌(James M. Buchanan) 교수와 고든 털 럭(Gordon Tullock) 교수는 『동의의 산술』(The Calculus of Consent)이라 는 저술에서 이러한 질문에 대한 답을 제시하려 했다. 이들에 의하 면, 모든 정치적 결정은 거래비용과 순응비용을 수반한다. 거래비용 은 최종적인 의사결정을 도출하기 위해 들어가는 시간과 노력을 의 미하며, 순응비용은 소수가 다수의 결정에 따라야 하기 때문에 치러야 하는 비용을 의미한다. 거래비용과 순응비용은 서로 역관계에 있다. 소수를 보호하기 위해 더 까다로운 의사결정 방식을 채택하면 순응비용은 감소하나 거래비용이 증가한다. 레이파트 교수는 순응비용을 감소시키는 합의제 민주주의가 더 나은 민주주의라고 주장한 반면, 체벨리스 교수는 지나치게 많은 거부권 행사자가 효율적인 입법을 어렵게 한다고 주장했으나, 뷰캐넌과 털럭 교수는 순응비용과 거래비용의 합을 최소화시키는 제도가 가장 이상적인 제도라고 역설했다.

민주주의 제도는 다수 지배와 소수 보호라는 서로 상충하는 두 원리를 가지고 있다. 다수의 이해만 대변할 경우 소수의 권익이 침해될 가능성이 있는 반면, 소수를 지나치게 보호하면 입법적 교착이 발생하고 다수의 이해를 반영할 수 없게 된다. 그렇다면 다수와 소수 중 누구의 이익을 얼마나 더 반영해야 하는가? 다수 지배와 소수 보호라는 두 원리 사이에서 국민의 집합적 효용을 극대화시킬 수 있는 정치제도는 무엇인가? 뷰캐넌과 털럭 교수가 추구한 순응비용과 거래비용의 합을 최소화시키는 제도가 다수와 소수의 효용의 합을 극대화시킬 수 있는 제도를 의미한다. 정치제도는 거부권 행사자의 수에 영향을 미치므로, 한 국가에 이상적인 정치제도를 설계하는 문제는 최적한 거부권 행사자의 수를 찾는 것이다.

이 책은 정치제도에 대한 기본적인 지식과 이론적인 시각을 제공하기 위한 입문서로 집필되었다. 따라서 심층적인 분석을 필요로 하는 정치제도 설계의 문제는 다루지 않았고, 저자가 2021년에 집필한 『누가 누구를 대표할 것인가』에서 이 문제를 다루었다. 이 책은 대신 정치제도와 관련된 기본적인 내용을 주로 다루었고, 이러한 내용의 일부는 『누가 누구를 대표할 것인가』에서 발췌했다. 이 책은 또한 저자가 강의하는 「선거제도와 민주주의」라는 수업과 「법과 정치」라는 수업의 내용을 포함한다. 저자는 정치제도에 관심 있는 학생들이 수강할 수 있도록 두 수업의 강의들을 온라인(https://www.youtube.com/@moonpolitics)에 올려놓았다. 이 책의 내용을 이해하기 어려운 학생들과 정치제도 설계와 관련된 심층적인 내용에 관심 있는 학생들이 온라인 강의를 참조하면 도움이 될 것이라고 기대한다. 마지막으로, 2023년도 저술활동 지원사업(S-2023-G0001-00066)을 통해 이 저서의 집필을 지원해준 아주대학교에 감사의 마음을 전한다. 또한, 이 저서는 2017년 한국연구재단의 사회과학지원사업(NRF-2017S1A3A2066657)의 지원을 받았다.

2023년 7월

문 우 진

CONTENTS

3장
한국의 정치제도

정치연구총서 01

1장
정치와 민주주의

정치의 정의

데이비드 이스턴(Easton 1965)에 의하면, 정치는 "사회의 희소한 가치들을 권위적으로 분배(authoritative allocation of values)하는 것"이다. 여기에서 가치란 돈, 사회적 지위, 권력, 명예 등을 의미하며, 권위적인 배분이란 사회적 가치를 분배하는 데 사용되는 권력을 국민들이 인정한다는 의미이다. 이스턴의 정치에 대한 개념에는 옳고 그름과 관련된 규범적인 요소는 포함되어 있지 않다. 경제가 재화와 용역을 생산·분배·소비하는 활동이듯이, 정치는 사회의 가치를 분배하는 비규범적인 활동인 것이다.

사람들은 정치에 대해 다양한 생각을 가지고 있다. 많은 사람들은 정치가 자신들의 일상생활과 무관하며 정치는 정치인들이 하는 것이라고 생각한다. 지도자가 국민을 다스리는 일을 정치라고 믿는 사람도 있다. 뿐만 아니라, 정치에 대해서 부정적인 생각을 가진 사람들도 많다. 사람들이 겉과 속이 다른 사람을 "정치적"이라고 말하기도 한다. 그러나 정치는 우리와 무관한 것도 아니며 나쁜 것도 아니다. 정치는 정치인만이 하는 것이 아니며, 정치와 무관한 삶은 한 순간도 존재하지 않는다.

정치는 집합적인 의사결정이다. 두 사람 이상이 모여서 하는 모든 결정은 집합적인 의사결정이다. 회사원들이 회식을 할 때 식당을 결정하는 것은 집합적 의사결정이다. 연인이 데이트를 위해 야구를 볼 것인가, 아니면 연극을 볼 것인가를 결정하는 것도 집합적 의사결정이다. 자녀와 부모가 공부시간과 게임시간을 서로 조정하는 것도 집합적 의사결정이다. 집합적 의사결정은 우리 주변에서 동료, 연인, 친구, 가족 간에 매 순간 이루어지고 있다.

집합적 의사결정이 왜 정치적인 행위인가? 집합적 의사결정에는 권력이 개입되기 때문이다. 권력이란 다른 사람이 원하지 않아도 따르도록 할 수 있는 힘을 의미한다. 회사원들이 회식 장소를 결정할 때, 부하 직원들은 상사의 뜻이 마음에 안 들어도 따라야 한다. 내가 원하지 않는 회식에 참여해야 한다면, 직장 상사는 내가 원치 않는 것을 하도록 만들 수 있다. 이처럼 일방이 타방에게 권력을 행사할 수 있다면, 이들의 관계는 정치적인 관계이다. 개별적인 의사결정에는 권력이 개입되지 않는다. 어떤 방송을 볼 것인가, 어떤 과일을 살 것인가, 어떤 음악을 들을 것인가와 같은 결정에는 권력이 개입되지 않는다. 나 혼자 하는 결정에는 다른 사람이 내가 원치 않는 것을 하도록 만들 수 없기 때문이다.

권력은 종적인 위계관계에서만 발생하는 것은 아니다. 회사원들이 다수결 같은 민주적인 방식으로 회식 장소를 결정했을 경우, 소수는 다수의 결정을 원치 않아도 따라야 한다. 집단 구성원들의 뜻이 완전히 일치하지 않는 한, 두 사람 이상이 모여서 하는 모든 집합적인 결정에는 권력이 개입된다. 이처럼 권력이 개입되는 모든 행위는 정치적인 행위이다. 우리의 일상생활은 정치의 연속이다. 직장 동료들과, 친구들과, 가족들과 다양한 의사결정 방식으로 최종적인 결정을 끌어내며, 이 결정이 마음에 들지 않아도 따라야 한다.

집합적인 결정이 다수결이나, 가위바위보, 또는 사다리와 같은 민주적인 방식에 의해서 이루어진다면, 우리는 그 결정에 "권위"를 부여한다. 결정에 권위를 부여한다는 의미는 내가 원하지 않는 결정이 만들어져도 이를 존중한다는 뜻이다. 이처럼 내가 원치 않는 결정에 승복하는 이유는 의사결정 방식이 공정하다고 믿거나, 지금 내가 원하지 않는 결정이 내려져도 다음에는 내가 원하는 결정을 얻을 수 있다는 믿음이 있기 때문이다.

집합적 의사결정은 필연적으로 다수와 소수를 나눈다. 소수는 다수의 결정이 마음에 들지 않아도 따라야 한다. 이처럼 원치 않는 결정을 따라야 하기 때문에 치러야 하는 비용을 "순응비용"이라고 부른다. 다수의 결정이 항상 소수의 결정보다 더 나은 것은 아니다. 다수의 학생들이 한 학생을 따돌리는 경우, 소수의 인권은 부당하게 침해된다. 직장 회식에서 삼겹살을 먹기로 한 경우, 돼지고기에 부작용이 있는 사람은 순응비용을 치러야 한다. 이처럼 다수결에 의한 의사결정은 소수에게 커다란 순응비용을 부과할 수 있다.

사람들은 순응비용을 피하기 위해 다수에 속하려고 노력한다. 다른 사람을 설득하거나 호의를 베풀어서 자신의 입장을 지지하게 한다. 또는 자신과 비슷한 가치나 이해관계를 가진 사람들을 모아서 조직을 결성한다. 사람들은 이처럼 자신의 세력을 넓히기 위해 사회단체, 노동조합, 정당과 같은 조직들을 결성한다. 왜냐하면 자신이 다수에 속하게 되면 권력을 얻기 때문이다. 사람들이 권력을 얻으려는 이유는 권력을 통해 사회의 "희소한 가치"를 얻을 수 있기 때문이다. 사회의 희소한 가치란 부와 명예와 같이 많은 사람들이 얻기를 원하나 무한하게 존재하지 않는 것들이다.

부를 얻는 과정은 경제와 정치에서 다르게 이루어진다. 경제에서는 우리의 경제활동에 따라서 부가 변하게 된다. 우리가 일을 더 하거나 소비를 덜 하면 부는 축적된다. 경제에서는 개인의 결정을 다른 사람에게 따르도록 강제할 수 없다. 예컨대, 생산자는 자신의 상품을 다른 사람이 비싸게 사도록 강요할 수 없다. 그러나 정치에서는 다수가 내린 결정을 소수에게 강요할 수 있다. 예컨대, 정부가 담배 가격을 인상하면, 소수의 흡연자는 더 비싼 값을 내고 담배를 피워야 한다. 또는 정부가 값싼 농산물을 수출하는 국가와 자유무역협정을 맺으면, 농산물 가격은 하락하고 농민들은 손해를 보지만 정책을 따라야 한다.

우리는 매일같이 생산 활동과 소비 활동을 하기 때문에 경제는 우리 일상의 삶과 밀접한 반면, 정치는 그렇지 않다고 생각한다. 그러나 사실은 정반대이다. 경제는 우리가 경제활동을 할 때에만 우리의 부에 영향을 미치나, 정치는 우리가 아무런 정치활동을 하지 않는 순간에도 우리의 부에 영향을 미친다. 우리가 TV를 보는 순간에도 우리에게 이익이 되거나 손해를 가져다주는 정책이 만들어지고 있다. 우리가 정책결정에 직접적으로 개입하지 않기 때문에 매 순간 어떠한 정책이 만들어지는지 모를 뿐이다. 인간의 행동에 정치가 개입되지 않은 것은 하나도 없다.

정치는 보이지는 않지만 우리의 삶에 매 순간 영향을 미친다. 우리의 임금은 임금정책과 노동정책에 따라 달라진다. 우리가 내는 세금은 조세정책에 따라 달라진다. 우리가 내고 받는 이자는 금융정책에 따라 달라진다. 우리가 받는 의료 혜택의 질과 가격은 의료정책과 복지정책에 따라 달라진다. 우리의 자녀가 받는 교육의 질과 가격은 교육정책에 따라 달라진다. 부동산정책에 따라 주택가격과 임대료가 달라진다. 심지어 우리가 순수한 경제활동이라고 믿는 소비 활동조차도 정치가 개입되어 있다. 우리가 구매하는 사과의 가격은 사과 수확에 필요한 노동력 가격에 영향을 미치는 임금정책이나 외국인 노동자정책에 따라 달라진다. 핸드폰이나 자동차 가격은 무역정책에 따라 달라진다. 우리의 삶에서 정치의 영향을 받지 않는 영역은 찾아보기 어렵다.

사람들은 주차비를 아끼기 위해 먼 곳에 주차하고, 기름값을 아끼기 위해 값싼 주유소를 찾는다. 더 저렴한 상품을 구입하기 위해 많은 시간과 노력을 들인다. 그러나 나의 가치와 이해관계에 부합하는 입장을 취하는 정당이 제공하는 정책들로 인해 얻는 정신적·물질적 이익은 주차비나 기름값을 절감해서 얻는 이익의 수십 배에서 수백 배에 달할 수 있다. 그럼에도 불구하고, 사람들은 어떤 정당의 정책이 다른 정당의 정책에 비해 나에게 얼마만큼의 이익을 더 발생시키는가를 파악하려 하지 않는다.

그 이유는 이를 파악하기 위해서 들어가는 시간과 노력이 너무 크기 때문이다. 한 정책을 이해하기 위해서는 매우 전문적인 경제적·법적 지식을 필요로 한다. 이러한 지식을 습득하기 위해서는 막대한 비용을 치러야 한다. 특히 정당들의 정책 차이가 모호할수록, 정책 차이가 나에게 어떠한 손익을 발생시키는가를 파악하기가 어려워진다. 이럴 경우, 사람들은 정치가 자신의 삶과 무관하다고 생각하거나 언론이 제공하는 쉽고 자극적인 내용을 가지고 자신이 지지하는 정당과 후보를 선택한다.

정치와 경제의 차이

이스턴(Easton 1965)이 정의한 바와 같이, 정치와 경제는 모두 부와 명예, 그리고 사회적 지위와 같은 희소한 가치를 배분하는 일종의 거래행위이다. 정치에서 정당과 후보는 시장에서의 생산자와 판매자에 해당한다. 시장에서 돈을 지불하고 상품을 사듯이, 정치에서는 유권자가 표를 지불하고 원하는 정책을 얻으려 한다. 시장에서 상품을 광고하듯이, 정치에서는 후보들이 선거운동을 한다. 뿐만 아니라, 구매제도와 광고제도가 시장거래를 규제하듯이, 선거법과 정치자금법이 정치거래를 규제한다. 즉 정치는 일종의 거래행위라는 점에서 경제와 본질적으로 다르지 않다.

정치와 경제의 차이는 거래제도의 차이 때문에 발생한다. 시장거래에서 소비자들은 자신이 원하는 상품을 개별적으로 구입한다. 사

대의 민주주의와 한국 정치제도

고자 하는 상품이 아무리 비싸도, 이를 지불할 능력과 의향이 있는 소비자는 자신이 원하는 상품을 살 수 있다. 그러나 정치시장에서 유권자들은 자신이 원하는 정책(정치상품)을 개별적으로 구입할 수가 없다. 원하는 정책을 구입하기 위한 표는 모든 유권자에게 동등하게 제공된다. 따라서 아무리 재산이 많은 유권자도 더 많은 표를 내고 자신이 원하는 정책을 살 수 없다. 예컨대, 삼성이 한국에서 애플 핸드폰의 판매를 금지하는 정책을 구입할 수는 없다. 다수의 국민이 이러한 정책을 표방하는 정당을 지지할 때만 삼성은 이를 얻을 수 있다. 즉 경제에서는 개별적 구매가 허용되는 반면, 정치에서는 집단구매만 허용된다. 이러한 구매제도의 차이 때문에 경제와 정치의 차이가 발생한다.

경제와 정치는 또한 서로 다른 소비제도에 의해 운영된다. 경제에서 소비자는 자신이 원하는 상품을 개별적으로 소비하면 되지만, 정치에서는 모든 유권자가 정책을 의무적으로 소비해야 한다. 시장 거래에서는 원치 않는 상품을 구입했을 때 반품을 하거나 소비를 중단하면 되지만, 정치에서는 원치 않는 정책도 소비해야 한다. 만장일치를 제외한 모든 집합적 의사결정은 원치 않는 결정을 따라야 하는 집단에게 순응비용을 부과한다. 예컨대, 담배세를 인상하면 흡연자는 더 비싼 담배를 사야 한다. 일반적으로 권위주의 국가에서는 독재자와 결탁한 소수 집단이 다수에게 순응비용을 부과한다. 민주주의 국가에서는 다수의 결정을 따라야 하는 소수가 순응비용을 치른다.

시장거래에서는 평등의 원리보다 효율성의 원리가 지배한다. 예컨대, 국가가 모든 사람들에게 똑같은 소득을 지급한다면, 사람들은 부자가 되기 위해 더 열심히 일할 필요가 없다. 또는 자신의 재능과 능력을 가장 잘 발휘할 곳을 찾을 필요가 없다. 시장에서는 희소한 상품과 노동에 더 높은 가격이 책정되고, 더 많은 돈을 낼 수 있는 사람이 원하는 것을 얻는다. 반면 정치에서는 평등의 원리가 더 중요하다. 왜냐하면 정치적 결정에는 항상 순응비용이 수반되기 때문이다. 시장에서 기업은 수익을 극대화하기 위해 공장에서 배출되는 오염물질을 정화할 동기가 없다. 시장에서처럼 소수 회사들이 돈을 주고 규제정책을 피할 수 있다면, 대다수 국민들은 오염된 공기와 물을 마셔야 한다. 따라서 민주주의 국가에서는 돈이 아무리 많은 기업도 자신이 원하는 정책을 구입할 수 없도록, 평등한 구매능력, 즉 평등 투표권(equal franchise)을 제도적으로 보장한다.

　민주주의 제도가 도입되기 이전에는 정치도 경제와 비슷하게 작동했다. 평등 투표권이라는 제도가 도입되기 전에는 정치에서도 시장에서와 같이 정책에 대한 차별적인 구매력을 허용했다. 일부 국가에서는 납부하는 세금에 따라 투표권에 차등을 두었다. 예컨대, 프러시아 왕 빌헬름 4세(Friedrich Wilhelm IV)가 1849년 5월 30일 도입한 3계급 투표제도(Prussian three-class franchise system)는 세금납부액에 따라 구분된 세 계급에 차별적인 투표권을 행사하도록 했다. 세금납부자의 4.7%에 해당하는 상위 계급은 82.6%에 해당하는 하위 계급의 17.5배에 해당하는 투표권을 행사할 수 있었다. 벨기에에서는

1918년에 모든 남성들에게 보통선거권이 주어지기 전까지 납부세액에 따라 남성들은 1표에서 3표까지 행사할 수 있었다.

이러한 사례가 의미하는 바는 정치와 경제는 본질적으로 서로 다른 행위가 아니라는 것이다. 정치와 경제는 거래규칙을 어떻게 정하는가에 따라 더 정치적일수도 있고, 더 경제적일수도 있다. 즉 정치와 경제는 이분법적이 아닌 연속적인 개념으로 이해해야 한다. 현실세계의 정치는 이론적으로 순수한 정치거래와 이론적으로 순수한 시장거래 사이에 놓여 있다. 정치가 얼마나 시장거래화 되었는가는 정치시장을 규제하는 구매제도와 소비제도에 따라 달라진다. 이들 제도가 효율성의 원리를 더 반영할수록, 정치는 시장거래와 비슷해지는 반면, 평등의 원리를 더 반영할수록 정치는 경제로부터 구분된다.

정치에서는 시장거래에서와 같이 상품을 광고한다. 정치에서 광고하는 상품은 후보의 능력 또는 정책과 같은 것들이다. 시장거래에서의 광고는 규제를 받을 수 있다. 예컨대, 미성년자에게 유해한 술 또는 담배의 TV 또는 라디오 광고는 제한된다. 그러나 시장광고를 지배하는 원리는 효율성이다. 광고가 공익을 침해하지 않는 한, 광고의 내용, 광고비의 조달방법, 광고비 지출규모는 이윤추구를 목표로 하는 판매자의 재량권에 맡겨둔다. 반면, 정치광고는 경제적 능력이 정치적 권한으로 전이되어서는 안 된다는 정경분리 원칙의 지배를 받는다. 이러한 규범적 원리 때문에 정치에서는 광고의 내용뿐만 아니라, 광고비(정치자금) 조달 방법 및 규모, 광고비 지출 규모 및 내역과 광고기간(선거운동 기간) 등과 같은 다양한 내용을 엄격하게 규제한다.

정치적 평등의 원리를 실현하기 위해 지나치게 규제적인 정치광고 제도를 마련할 경우, 시민들의 알 권리와 표현의 자유를 포함하는 정치의 자유가 침해될 수 있다. 따라서 정치광고 제도의 두 축을 이루는 원리, 즉 정치적 평등과 정치적 자유의 원리는 때때로 충돌해왔다. 두 원리 중 어떤 원리에 더 큰 비중을 두는가에 따라, 국가들은 서로 다른 정치광고 제도를 채택했다. 미 대법원은 1976년 판결에서 후보의 선거자금 지출액수와 후보 자신을 위한 기부액수를 제한한 것은 언론의 자유를 침해하는 것이라는 결정을 내렸다. 이후 미국 정치자금법의 무게중심은 정치적 자유 쪽으로 이동하게 되었다. 이러한 추세는 다른 선진국에서도 발견된다. 영국은 정당이 받는 기부금의 액수에 제한을 두지 않고, 호주와 독일은 기부금 수입 및 지출 규모에 제한을 두지 않는다. 이처럼 정치적 자유가 강조될수록, 정치광고는 시장거래에서의 상품 광고와 유사해진다.

정치와 민주주의

민주주의의 사전적 의미는 "국민이 권력을 가지고 그 권력을 스스로 행사하는 제도"이다. 에이브러햄 링컨(Abraham Lincoln)이 주창한 바와 같이, 민주주의는 "국민의, 국민에 의한, 국민을 위한 통치"를 의미한다. 링컨의 이러한 시각은 이해관계가 서로 다른 개개인들의 입장들이 선거를 통해 하나의 일관된 국민의 뜻으로 취합될 수 있다는 믿음에 근거한다. 이 시각에 의하면, 분명한 정책적 선호를 가지고 있는 유권자들 중 다수가 지지하는 후보가 선출되어 자신을 지지한 다수의 입장을 정책에 반영한다.

그러나 노벨경제학상 수상자인 애로우(Arrow 1963)는 다수의 뜻을 변함없이 반영할 수 있는 민주적인 의사결정 방식은 존재하지 않는다는 사실을 증명했다. 달리 말하면, 민주주의에서는 국민들의 선호가 변하지 않아도 의사결정 방식에 따라 다수의 입장이 달라질 수 있다는 것이다. 슘페터(Schumpeter 1976) 역시 민주주의가 국민의 입장을 반영한다는 시각을 비판했다. 슘페터는 민주주의에서 국민들은 자신들의 입장을 정책에 반영할 수 없으며, 정치인들의 국정 운영성과를 심판하는 최소한의 역할만 할 수 있다고 주장한다. 슘페터의 "최소주의적"(minimalist) 시각에 의하면, 민주주의 국가에서 국민이 통치하는 것은 아니며, 대중들은 자신들을 통치할 정치인들을 선거를 통해 지지하거나 거부할 기회만을 갖게 된다.

에이큰과 바르텔즈(Achen and Bartels 2016)는 앞의 두 시각을 모두 비판하면서 자신들의 입장을 현실주의(realist) 시각이라고 명명했다. 이들에 의하면, 유권자들은 정당 정책에 대해서 잘 알지도 못하고, 이들의 정책적 선호는 불안정하고 변덕스럽다. 따라서 민주주의 선거를 통해서는 국민의 선호가 객관적이고 안정적인 다수의 입장으로 취합될 수 없다. 국민들은 자신들의 선호를 정책투표를 통해 일관되게 전달할 의지나 능력도 없다. 대부분의 유권자들은 중요한 정치적 쟁점에 대해 분명한 입장을 가지고 있지 않다. 유권자들은 지지후보의 입장에 맞추어 자신의 입장을 조정하거나, 충분한 정보가 없을 경우 지지후보의 입장이 자신의 입장과 같을 것이라고 그냥 짐작한다.

뿐만 아니라, 유권자들은 지도자의 국정운영 성과를 정확하게 판단할 능력도 없다. 에이큰과 바르텔즈에 의하면, 대통령 임기 동안의 장기적 경제적 성과야말로 유권자가 대통령의 국정운영 성과를 평가할 수 있는 객관적 근거이다. 그러나 미국 유권자들은 자신들의 소득향상에 대해서 근시안적인 태도를 취하거나, 선거기간 동안 발생하는 단기적인 사건들에 의존해 투표한다. 에이큰과 바르텔즈는 이러한 근시안적인 투표행태가 유권자의 투표결정에서 이념과 정책이 별로 중요하지 않다는 사실을 뒷받침하는 증거라고 주장한다. 에이큰과 바르텔즈에 의하면, 유권자들은 자신조차도 곧 잊게 될 가변적인 생각들을 가지고 투표결정을 내린다.

에이큰과 바르텔즈에 의하면, 유권자들은 합리적이지 않다. 유권자들은 자신에게 유리한 정책이 무엇인가를 판단할 정도의 정확한 정치정보를 가지고 있지 않다. 이러한 정보를 수집하려면 막대한 비용이 수반된다. 따라서 유권자들은 복잡한 이성적 판단보다는 간편한 감성적 판단에 더 의존한다. 사람들은 또한 자신의 생각에 비해 다른 사람의 생각이 합리적이라고 할지라도, 이를 받아들이기보다는 거부하려 한다. 인지부조화 이론에 의하면, 사람들은 자신이 선택하거나 얻은 것은 좋다고 생각하는 반면, 자신이 선택하지 않거나 얻을 수 없는 것은 나쁘다고 합리화한다.

일상생활에서 사람들은 인지부조화 이론을 따르는 행동을 자주 한다. 사람들은 자신이 구입한 자동차가 동급의 다른 자동차보다 성능이 우수하다고 생각한다. 또는 자신이 구입한 핸드폰을 다른 사람보다 더 싸게 샀다고 생각하려 한다. 반면, 자신이 구입할 수 없는 자동차는 성능이 좋지 않다고 생각하거나 다른 흠을 잡으려 한다. 선거에서 정당을 선택하는 문제도 이와 비슷하다. 사람들은 자신이 지지한 후보나 정당을 잘 선택했다고 믿으려 한다. 자신이 선택한 정당에 대한 비판을 들으면 이러한 비판을 경청하고 자신의 판단에 의문을 던지기보다, 이를 받아들이지 않는다. 최순실 국정농단을 음모라고 믿는 사람들이 좋은 예이다. 즉 사람들은 최선의 합리적 선택을 하기보다는 자신의 선택을 최선이라고 합리화한다.

사람들은 복잡하고 어려운 정당정책을 이해하기 어렵기 때문에, 분명한 정책적인 선호를 가지고 있지 않다. 따라서 유권자의 정책적 선호가 사람들의 정당충성도나 정당정체성을 형성시키는 것은 아니다. 사람들은 지역연고나 개인에 대한 호감을 통해 집단정체성을 형성시킨다. 예컨대, 사람들은 자신의 지역연고 팀을 응원하거나, 매력을 느끼는 선수를 좋아하게 되면서 이 선수가 소속된 팀을 응원하게 된다. 마찬가지로, 사람들은 지역연고 정당을 지지하거나, 감동을 주는 개인사를 가지고 있는 정치인을 따르게 되면서 이 정치인이 소속된 정당을 지지한다.

사람들은 불우한 환경을 극복한 정치인에게 카타르시스를 느끼고, 이들의 정당과 정책을 지지한다. 사람들은 민주화 운동에 헌신한 상고출신 김대중에게 존경심을 느끼고, 김대중의 민주당과 햇볕정책을 지지한다. 사람들은 약자를 대변하는 삶을 살아온 상고출신 노무현에 감동하고, 노무현의 열린우리당을 지지한다. 사람들은 가난을 극복하고 최연소 현대건설 사장의 성공신화를 쓴 이명박을 지지하고, 이명박의 한나라당을 지지한다. 사람들은 어려서 어머니를 잃은 박근혜에게 동정심과 강인함을 느끼고, 박근혜의 새누리당을 지지한다. 사람들은 인권변호사의 삶을 산 가난한 섬마을 출신 문재인에게 매력을 느끼고, 문재인의 민주당을 지지한다. 즉 정치적 선택은 합리적이라기보다 호감에 근거한 정서적인 것이다.

이러한 맥락에서, 에이큰과 바르텔즈는 상품을 싸게 살 것인가, 비싸게 살 것인가를 결정하는 경제적 선택과 후보를 선택하는 정치적 선택은 서로 완전히 다른 것이라고 주장한다. 에이큰과 바르텔즈는 정치적 선택에서 집단정체성의 중요성을 역설한다. 사람들은 경제활동을 할 때와는 달리 정치활동을 할 때 합리적인 판단을 하지 않는다. 많은 사람들은 성장기에 부모, 스승, 친구, 선배, 친척, 이웃, 그 외의 소속 집단의 입장을 따라 정치적 충성심을 형성시킨다. 예컨대, 영남에 거주하면서 교회에 다니는 자영업자는 자신이 소속된 거주 지역, 종교 집단, 직능 집단과 비슷한 정치적 충성심을 가지게 된다. 이러한 정치적 충성심은 차례로 유권자의 정치적 태도와 정책입장을 형성한다. 즉 정치적 태도와 정책입장이 정치적 충성심을 형성하는 것이 아니라, 그 반대이다.

에이큰과 바르텔즈의 현실주의적 시각에 의하면, 유권자들은 정치정보가 부족하고 정책적 선호가 불분명하다. 유권자들이 비교적 분명한 정책적 선호를 가지고 있는 경우에도, 유권자들은 다양한 대안 중에서 자신이 가장 원하는 것을 선택하는 것이 아니라 정치인들이 제시하는 제한된 대안들 중에서 찬반의 선택만 할 수 있다. 뿐만 아니라, 유권자들은 정치인들이 제공하는 정보의 틀 안에서만 선택할 수 있다. 정치인들은 자신에게 유리한 쟁점들을 부각시키거나, 쟁점을 자신들에게 유리하게 구성(framing)한다. 정치인들이 어떠한 쟁점을 부각시키는가에 따라 유권자의 투표결정은 달라질 수 있다. 따라서 민주주의 선거결과는 유권자의 선호를 객관적으로 반영한 것이 아니라 정당들의 선거 전략에 따라 달라질 수 있다.

제도주의적 시각

에이큰과 바르텔즈의 현실주의 시각에 의하면, 최소주의자가 생각하는 것처럼 미국의 민주주의는 정상적으로 작동하지 않는다. 민주주의가 정상적으로 작동하기 위해서는 유권자들은 여당이 성공적으로 국정운영을 하면 보상을 하고, 그렇지 않을 경우 심판할 수 있어야 한다. 유권자들이 정확한 심판을 하기 위해서는 정책결과에 대한 책임소재가 분명해야 한다. 그러나 미국 민주주의는 이와 같이 작동하지 않는다. 에이큰과 바르텔즈에 의하면, 미국 유권자들의 정치적 태도가 가변적이고 비합리적이기 때문에, 선거를 통해 자신들의 정치적 태도를 일관되게 표출하기 어렵고, 정책결과의 책임소재를 파악하기도 어렵다.

에이큰과 바르텔즈가 민주주의의 모태라 여겨지는 미국 민주주의에 대해 이러한 시각을 제시했다는 사실은 민주주의에 대한 회의적인 시각을 고취할 수 있다. 그러나 미국 민주주의의 경험을 일반화시킬 필요는 없다. 립셋(Lipset 1997)에 의하면, 물질적으로 풍요한 경제적 환경과 자유, 평등주의, 개인주의, 대중주의, 자유방임이라는 다섯 가지 신조가 지배하는 이념적 환경, 그리고 양당체제라는 정치적 환경은 미국에서 예외적인(exceptional) 민주주의가 형성되도록 만들었다. 따라서 미국 민주주의가 정상적으로 작동하지 않는다는 에이큰과 바르텔즈의 발견을 민주주의 제도 전반에 대한 회의적인 시각으로 확대할 필요는 없다.

이 책은 이상주의자처럼 민주주의를 긍정적인 시각에서 바라보지도 않지만, 현실주의자처럼 부정적인 시각으로 바라보지 않는다. 이 책은 정치제도에 따라 민주주의 결과가 달라진다는 제도주의적 시각을 견지한다. 제도주의적 시각에서 정치는 행위자, 제도적 배열(institutional arrangement) 및 규범적 원리(normative principles)의 통합적 체계(integrated system)로 이해된다. 이 시각에 의하면, 인간의 모든 활동은 제도적인 제약(institutional constraints)에 의해 "묶여"(embedded) 있다는 입장을 따른다(Polanyi 1957).

제도로부터 자유로운 시민들의 활동은 거의 존재하지 않는다. 선거제도와 입법제도의 영향을 받는 선거와 입법 같은 정치적인 행위는 물론이고, 일상생활의 모든 집합적인 의사결정은 의사결정 규칙의 지배를 받는다. 예컨대, 동료끼리 점심식사를 하기 위한 식당을 결정하는 일상적인 선택도 다수결이나 가위바위보와 같은 의사결정 규칙에 의해서 이루어진다. 순수한 경제활동처럼 보이는 과일 또는 휴대 전화기를 선택하는 행위도 사실 정치제도의 규제를 받지 않는 것은 없다. 상품들의 가격은 수요와 공급이라는 보이지 않는 손에 의해서만 결정되는 것이 아니다. 농산물과 관련된 무역협정, 외국인 노동자 고용정책, 상품판매 및 광고에 대한 규제, 대미·대중 외교정책 등 수많은 제도가 소비자들이 소비할 수 있는 상품들과 이들 가격에 영향을 미친다.

제도주의적 시각은 이상주의자처럼 민주주의를 긍정적인 시각에서 바라보지도 않지만, 현실주의자처럼 부정적인 시각으로 바라보지 않는다. 제도주의적 시각에 의하면, 사람들의 정치적 태도는 안정적이고 분명한 것도 아니며, 에이큰과 바르텔즈가 주장하는 것처럼 집단정체성에 의존하는 것만도 아니다. 사람들은 자신이 소속한 집단의 뜻을 수동적으로 받아들이는 것이 아니다. 사람들은 자신의 가치 또는 이익과 밀접한 관련이 없다고 믿는 사소한 사안에 대해서는 자신이 소속된 집단의 뜻을 따르는 것이 효율적일 수 있다. 그러나 사람들은 자신의 가치와 이익을 크게 침해할 정도로 중대한 사건이 발생하는 경우, 이들은 정치에 관심을 가지기 시작하고, 정확한 정치정보를 습득하려 노력하며, 안정적인 정치적 태도를 형성한다.

제도주의적 시각에 의하면, 민주주의 국가의 시민들은 제도의 산물이면서도 생산자이다. 이들의 정치적 태도와 선택은 제도적으로 묶여 있으면서도, 정치권력과 제도들이 자신의 이익과 가치를 심각하게 훼손하면, 정치참여를 통해 권력을 교체하려 하고 자신을 묶고 있는 제도의 속박에서 벗어나려 한다. 그러나 시민들은 새로운 정치제도를 설계하거나 자신의 이익에 부합하는 제도를 구분할 정도의 정치정보를 가지고 있지 않다. 정치인들은 자신들에게 유리한 제도를 광고하고, 이러한 제도가 국민을 위한 제도라고 광고한다. 이러한 현실에 봉착한 비교 정치학자의 역할은 대의민주주의 작동 원리를 분석하고, 대의민주주의 제도의 문제점들을 일으키는 원인들을 파악하고 이를 제도적으로 개선할 방향을 제시하는 것이다.

2장
정치제도의 작동원리

정치제도의 설계

정치제도란 국민의 뜻을 모으는 의사결정 규칙들의 집합이다. 우리는 사람들의 뜻을 모으기 위해 다양한 의사결정 규칙을 사용한다. 위계적인 사회에서는 권력을 가진 사람이 결정을 한다. 직장에서는 상급자가, 가부장적인 가족에서는 아버지가, 학교에서는 선생님이 결정권을 가진다. 반면 민주적인 사회에서는 모든 사람이 동등한 의결권을 가진다. 우리는 일상생활에서 가위바위보, 사다리나 제비뽑기 같은 무작위적인 의결방식이나 다수결을 사용한다. 이러한 의결방식의 공통점은 의사결정이 빨리 이루어질 수 있다는 것이다. 그러나 이들 방식에는 장단점이 있다.

무작위적인 선발방식은 극단적인 결과가 초래되는 것을 막기 어렵다. 따라서 국가 지도자를 제비뽑기로 뽑지는 않는다. 제비뽑기는 직장에서 회식을 위한 식당을 선택하는 결정과 같이 결정에서 진 사람이 치러야 되는 비용이 크지 않은 경우에 사용한다. 즉 무작위 적인 선발방식은 패자에게 낮은 순응비용을 부과하는 결정에서 주로 사용한다. 다수결은 제비뽑기에 비해 극단적인 결정을 내릴 가능성이 낮다. 최소한 다수가 동의할 수 있는 결과가 초래된다. 그러나 다수가 항상 올바른 결정을 내리는 것은 아니다. 다수가 자신과 생각이 다르다는 이유로 소수를 따돌리고 괴롭힐 수도 있다. 뿐만 아니라, 다수결이 항상 공정한 것도 아니다. 의결에서 항상 소수가 될 수밖에 없는 집단에게는 다수결이 공정하지 않다. 예를 들면, 미국과 같은 다인종 국가에서 유색인종은 항상 소수의 입장에 처한다. 따라서 특정한 소수가 다수결에서 항상 질 수밖에 없다면, 다수결은 불공정한 제도이다.

민주주의 국가는 국민의 뜻을 모으기 위해 다양한 방식의 의사결정 규칙을 사용한다. 민주주의 국가가 뜻을 모으기 위해 주로 사용하는 방식은 다수결 제도이다. 대부분의 국가에서는 다수결로 지도자를 선발하고 법안을 통과시킨다. 이처럼 많은 민주주의 국가들이 다수결 제도를 채택하는 이유는 의사결정이 빨리 이루어지면서도 소수보다는 다수의 뜻을 따르는 것이 더 옳다고 생각하기 때문일 것이다. 그러나 다수는 소수의 인권을 침해하는 위험한 결정을 할 수 있다. 이러한 결정을 막기 위해, 민주주의 국가에서는 소수를 보호하기 위한 제도적 장치들을 마련한다. 따라서 민주주의는 다수 지배와 소수 보호라는 서로 상충하는 두 원리에 의해 작동한다.

뷰캐넌과 털럭(Buchanan & Tullock 1962)에 의하면, 모든 정치적 결정은 두 종류의 비용을 수반한다. 거래비용은 최종적인 의사결정을 도출하기 위해 들어가는 시간과 노력을 포함한다. 더 많은 소수를 보호하는 제도일수록 거래비용이 증가한다. 순응비용은 소수가 다수의 결정에 따라야 되기 때문에 치러야 하는 비용이다. 다수가 효율적으로 지배하는 제도일수록, 소수는 더 많은 순응비용을 치른다. 순응비용과 거래비용은 서로 역관계에 있다. 뷰캐넌과 털럭에 의하면, 이상적인 제도는 순응비용과 거래비용의 이상적인 조합을 통해 이 두 비용의 총합을 최소화시켜야 된다.

뷰캐넌과 털럭이 제시한 순응비용과 거래비용의 관계는 39페이지 그래프에서 나타난다. 세로축은 순응비용, 거래비용, 그리고 두 비용의 합을 나타낸다. 가로축은 N명으로 구성된 집단에서 의사결정을 도출하기 위해 동의가 필요한 구성원의 수를 나타낸다. 독재의 경우 1명의 동의를 필요로 하고, 다수결은 (N/2)+1명의 동의를 필요로 한다. 초다수결은 (N/2)+k명의 동의를 필요로 하며, 만장일치는 N명의 동의를 필요로 한다. 세 곡선은 각각 거래비용, 순응비용과 두 비용의 합을 의미하는 의사결정비용을 나타낸다. 이는 다수결이 의사결정비용(순응비용과 거래비용의 합)을 최소화시킨다는 것을 보여준다. 그러나 의사결정비용이 항상 다수결에서 최소화되는 것은 아니다.

거래비용과 순응비용은 사안의 중요성에 따라 달라진다. 예컨대, 다수가 소수의 기본권을 침해할 정도의 엄중한 결정을 한다면, 이

대의 민주주의와 한국 정치제도

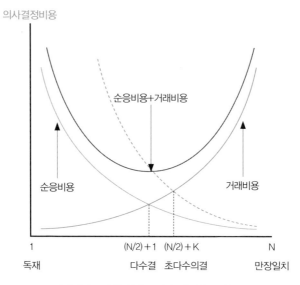

집합적 의사결정비용과 의사결정규칙

의사결정비용

순응비용+거래비용

순응비용

거래비용

| 1 | (N/2)+1 | (N/2)+K | N |
| 독재 | 다수결 | 초다수의결 | 만장일치 |

의사결정 도출을 위해 동의가 필요한 구성원 수

러한 결정이 초래하는 순응비용은 사소한 의사결정에 비해 훨씬 더 클 것이다. 따라서 순응비용이 증가하는 경우(점선의 순응비용), 순응비용과 거래비용이 교차하는 부분이 우측으로 이동하는 것을 보여준다. 이는 커다란 순응비용을 초래하는 결정은 다수결보다 더 까다로운 초다수결을 사용할 때, 의사결정비용이 최소화된다는 것을 의미한다. 많은 국가에서 일반 법안은 과반수로 통과시키는 반면, 헌법 개정은 이보다 까다로운 의회의 3분의 2의 동의를 요구하거나 추가로 국민투표를 요구한다. 이처럼 개헌에 필요한 조건을 까다롭게 하는 이유는 헌법이 매우 중요한 사안을 다루는 제도이기 때문이다. 헌법은 시민의 기본권에 대한 내용과 국가가 작동하기 위한 규칙을 담고 있다. 다수 정도로는 시민의 기본권을 침해해서도 안 되며, 국가의 작동 규칙을 바꿔서도 안 된다. 따라서 중대한 사안에 대한 결정은 다수결보다 더 까다로운 조건을 필요로 한다.

최적의 의결방식은 또한 구성원이 얼마나 이질적인가에 따라서 달라진다. 국가 구성원이 매우 동질적이라면, 다수와 소수의 뜻이 크게 다르지 않다. 이러한 국가에서는 다수의 결정이 소수의 이익을 크게 침해하지 않는다. 예컨대, 음식문화가 동질적인 사회에는 획일적인 급식이 큰 순응비용을 초래하지 않는다. 따라서 효율적인 결정에 유리한 다수결이 적합하다. 그러나 구성원의 선호가 매우 이질적인 국가에서 다수결을 사용할 경우, 다수가 소수의 권익을 심각하게 침해할 수 있는 결정을 내릴 수 있다. 예컨대, 채식주의자나 이슬람인들과 같이 특정 음식을 섭취하지 않는 사람들이 많은 사회에서는 다수가 선호하는 식단을 획일적으로 편성할 경우, 커다란 순응비용을 초래한다. 이처럼 국민들의 선호가 이질적인 경우, 순응비용은 우상향으로 이동하고, 순응비용과 거래비용이 교차하는 부분은 우측으로 이동한다. 따라서 사회 구성원의 선호가 이질적인 국가에서는 합의적인 제도가 더 적합하다.

거부권 행사자

정치제도와

미국 헌법 창시자들은 다수제가 소수의 권익을 침해할 수 있다는 사실을 잘 알고 있었다. 따라서 이들은 헌법을 설계할 때 다수 주로부터 소수 주를 보호하기 위한 제도적 장치들을 마련했다. 연방정부와 주정부의 독립적인 관할 영역을 헌법에 명시해, 주정부의 독립성을 보장해주었다. 헌법 창시자들은 또한 다수 반영을 목적으로 하는 하원을 소수 보호를 목적으로 하는 상원이 견제하도록 했다. 하원은 미국민 다수의 입장을 반영할 수 있도록 인구 비례로 각 주의 하원 의원을 선발한다. 인구가 가장 많은 캘리포니아(California)에서는 53명의 하원 의원을 선발하는 반면, 인구가 가장 적은 와이오밍(Wyoming)에서는 1명의 의원을 선발한다. 그러나 인구가 많은 주가 입법결정을 지배하는 것을 막기 위해 상원을 마련했다. 인구 규모와 상관없이 모든 주에서 2명의 상원 의원을 선발하고, 하원과 상원이 서로 동의할 때만 법안이 통과되도록 했다.

뿐만 아니라, 미국 헌법 창시자들은 상하원 의원의 선발방식을 다르게 설계했다. 선거 당시에 형성된 다수가 어리석은 판단을 할 수도 있기 때문에 하원 선거는 2년마다 치르게 해서 하원 의원을 자주 교체하도록 했다. 동시에 2년마다 치러지는 선거 당시 형성된 여론에 의해 입법부 전체가 구성되는 것을 방지하기 위해 상원 의원은 3분의 1씩만 교체하도록 했다. 4년 전에 형성된 여론, 2년 전에 형성된 여론과 선거 당시에 형성된 여론을 각각 반영하는 세 종류의 상원 집단들이 서로를 견제하고, 이처럼 구성된 상원이 하원을 견제하도록 했다.

미국 헌법 창시자들은 또한 매우 독창적인 정부형태와 입법규칙을 창안했다. 상원과 하원을 모두 통과한 법안은 대통령과 사법부가 받아들일 때만 법의 효력을 가지도록 했다. 상원에서는 소수당이 무제한 토론(filibuster)을 할 수 있으며, 이를 종료시키기 위해서 초다수(5분의 3)의 지지가 필요하도록 했다. 따라서 여당이 상하원의 다수를 차지한 경우에도 여당은 상원에서 5분의 3 이상을 얻어야 자신이 원하는 법안을 통과시킬 수 있다. 여당이 소수당인 경우, 다수 야당은 매우 까다로운 조건을 충족시킬 때만 법안을 통과시킬 수 있다. 대통령은 입법부를 통과한 법안에 거부권을 행사할 수 있고, 입법부가 대통령 거부권을 기각하기 위해서는 초다수(3분의 2)의 지지를 필요로 한다. 따라서 다수 야당은 3분의 2 이상의 의석을

대의 민주주의와 한국 정치제도

얻어야 대통령 거부권을 기각하고, 자신이 원하는 법안을 통과시킬 수 있다.

뿐만 아니라, 미국 헌법은 사법부의 독립성을 보장하기 위해 대법관의 임기를 종신으로 했다. 따라서 새로운 대통령이 취임한다고 해도 전임 대통령이 임명한 대법관을 자신의 입맛에 맞는 대법관으로 교체할 수 없다. 민주당 대통령은 전임 공화당 대통령이 임명한 보수적인 대법관들과 함께 국정을 운영해야 한다. 마찬가지로, 공화당 대통령은 전임 민주당 대통령이 임명한 진보적인 대법관들의 견제를 받을 가능성이 크다. 미국에서 이와 같은 대법관 임기제도가 만들어진 이유는 다수로부터 소수를 보호하기 위한 치밀한 정치공학적 사고의 산물로 볼 수 있다.

그러나 미국의 정부형태는 소수를 보호하는 데 유리할 수는 있으나, 다수가 원하는 개혁을 실현시키기는 어렵다. 예컨대, 미국 사회에 필요한 공공 의료보험 개혁 또는 총기규제 개혁이 실현되기 위해서는 개혁을 추진하는 정당이 행정부와 하원 과반수, 상원 5분의 3 이상을 장악할 정도로 지배적인 여론이 형성되어 있어야 한다. 그러나 이럴 가능성은 매우 낮을 뿐만 아니라, 이러한 조건이 충족된다 해도 사법부의 반대가 없어야 한다. 따라서 미국의 삼권분립 체제는 중요한 개혁을 거의 불가능하게 한다. 정당의 역할은 시민사회의 변화에 따른 사회갈등을 입법을 통해 조정하는 것이다. 그러나 정당이 사회갈등을 해소하는 데 실패할 경우, 이에 따른 불만이 누적되고 정치 불안정이 초래될 수 있다.

미국의 삼권분립제도는 다수 견제와 소수 보호에 초점이 맞추어진 반면, 영국의 정치제도는 효율적인 다수 지배에 초점이 맞추어져 있다. 영국은 단순다수 선거제도와 함께 내각책임제, 또는 의원내각제라고도 불리는 의회제를 채택한다. 의회제에서는 삼권이 분리되어 있지 않다. 의회제에서는 다수당의 지도부가 행정부를 구성하고 법안을 발의한다. 의회는 행정부 법안에 대해 동의 여부를 결정하며, 의회 다수가 동의하면 법안은 통과된다. 이론적으로는 의회가 정부의 실정에 맞서 불신임안을 행사할 수 있으나, 다수 여당이 자신의 지도부로 구성된 행정부에 반하는 결정을 할 가능성은 희박하다. 뿐만 아니라, 영국과 같이 전형적인 의회제에서는 명문화된 헌법이 없으므로 의회 다수가 헌법과 같은 역할을 한다.

대통령제에서는 삼권분립이라는 제도를 통해 여러 국가 기관이 서로를 견제한다. 이처럼 서로를 견제할 수 있는 국가 기관을 "제도적 거부권 행사자"(institutional veto player)라고 부른다(Tsebelis 2002). 미국에서는 상원, 하원, 대통령, 사법부가 서로를 견제할 수 있으므로 네 가지 제도적 거부권 행사자가 존재한다. 그러나 영국에서는 다수당의 지도부로 형성된 행정부를 견제할 제도적 장치가 없기 때문에 하나의 제도적 거부권 행사자만 존재한다. 따라서 영국과 같은 양당제 의회제 국가에서는 권력이 행정부에 집중된다.

삼권분립의 견제장치가 없는 의회제에서는 다수로부터 소수를 어떻게 보호하는가? 의회제에서 다수의 횡포를 막는 방법은 한 정당이 의회 다수를 차지하기 어렵게 만드는 것이다. 많은 의회제 국가들은 비례대표 선거제도를 채택해서 다당제를 산출한다. 이럴 경우, 한 정당이 의회에서 과반수 의석을 얻기 어렵기 때문에, 여러 당이 참여하는 연합정부가 형성된다. 연합정부에 참여한 정당들 중 한 정당이 정부 정책에 반대하면, 정부는 실각하고 선거를 다시 치러야 한다. 따라서 연합정부에 참여하는 정당들이 모두 동의할 수 있는 법안이 발의되고 통과된다. 연합정부에 참여한 정당들은 의석 수와 상관없이 거부권을 행사할 수 있다. 이처럼 입법 결과를 산출하기 위해 동의를 얻어야 하는 정당을 "정파적 거부권 행사자"(partisan veto player)라고 부른다(Tsebelis 2002). 의회제는 정파적 거부권 행사자 수를 증가시켜 이들이 서로를 견제하도록 하는 방식으로 소수를 보호한다.

다양한 정치제도는 거부권 행사자의 수에 영향을 미친다. 선거제도는 정파적 거부권 행사자의 수에 영향을 미치며, 정부형태(의회제 대 대통령제), 의회 구조(단원제 대 양원제), 중앙정부-지방정부 관계(단방제 대 연방제) 등은 제도적 거부권 행사자에 영향을 미친다. 정치제도를 설계할 때는 여러 정치제도가 거부권 행사자의 수에 미치는 영향을 서로 상쇄해서 거부권 행사자의 수에 적정한 균형을 이룰 수 있도록 해야 한다. 미국의 대통령제와 연방제의 조합은 다수의 제도적 거부권 행사자(행정부, 상원, 하원, 사법부, 연방정부, 지방정부)를 산출시키는 반면, 소수의 정파적 거부권 행사자를 산출하는 선거제도를 채택했다. 즉, 상하원 선거에서 단순다수 선거제도를 사용해서 양당 체제를 산출하도록 했고, 대통령 선거에서 승자독식형 간접 선거제도를 채택해서 제3정당 후보의 당선을 불가능하게 만들었다. 이처럼 미국의 정치제도는 다수의 제도적 거부권 행사자를 산출하는 정부형태와 소수의 정파적 거부권 행사자를 산출하는 선거제도를 조합해서 거부권 행사자 수의 적정한 균형을 유지하고자 하는 이론적 고민의 산물로 볼 수 있다.

파웰(Powell 2000)에 의하면, 각 국가들은 자신들이 추구하는 규범적 가치에 부합하는 정치제도를 가지고 있다. 다수대표 시각의 국가는 다수의 입장을 효율적으로 반영하기 위한 정치제도들을 가지고 있다. 비례대표 시각의 국가는 다양한 집단들의 입장을 반영하되 이들의 규모에 비례해서 반영하기 위한 정치제도들을 가지고 있다. 한 국가의 정치제도가 어떠한 시각을 더 반영하는가는 주로 선거제도와 정당체제에 따라 달라진다. 단순다수제를 채택한 양당제 국가는 다수대표제 시각에 부합하며, 비례대표제를 채택한 다당제 국가는 비례대표 시각에 부합한다. 파웰은 여당이 상임위원장직을 독점하면 다수대표제 시각에 가까워지는 반면, 여야가 의석 수에 따라 상임위원장직을 나눠 가지면 비례대표제 시각에 가까워진다고 주장했다.

레이파트(Lijphart 1999) 역시 민주주의 국가들을 "다수제 모형"과 "합의제 모형"으로 분류하고, 권력 분산에 유리한 정치제도를 더 많이 가진 국가일수록 합의제 모형에 가까워진다고 주장했다. 영국 또는 1994년 이전 단순다수제를 채택했던 뉴질랜드와 같은 양당제 의회제 국가가 전형적인 다수제 모형에 속한다. 스위스, 벨기에, 네

델란드와 같이 연합정부가 불가피한 다당제 의회제 국가가 전형적인 합의제 모형에 속한다. 다른 민주주의 국가들은 다수제 모형과 합의제 모형의 사이에 놓여 있다.

레이파트(Lijphart 1999)는 한 국가 민주주의의 제도적 특성을 결정하기 위한 열 가지 기준을 제시했다. ① 선거제도는 얼마나 비례적인가?, ② 정당체제가 양당제인가, 다당제인가?, ③ 행정부와 의회는 서로 의존적인가, 독립적인가?, ④ 다수당이 독자적으로 내각을 구성하는가, 아니면 여러 정당이 연합정부를 구성하는가?(정부 유형), ⑤ 의회는 단원제인가, 양원제인가?, ⑥ 헌법 개정이 얼마나 까다로운가?, ⑦ 위헌심사 기관이 얼마나 독립적인가?, ⑧ 권력이 중앙정부에 집중되어 있는가, 아니면 중앙정부와 지방정부에 분산되어 있는가?, ⑨ 중앙은행은 행정부로부터 독립적인가?, ⑩ 이익집단은 스스로 각자의 이익을 대변하는가, 아니면 자신들을 대표하는 정상조직을 통해 국가와 이해관계를 조정하는가? 열 가지 정치제도가 다수제 모형에 해당하면 다수가 지배하는 효율적인 체제이므로 거부권 행사자의 수는 줄어드는 반면, 합의제 모형에 해당하면 소수의 견제가 가능한 체제이므로 거부권 행사자 수가 증가한다.

이제부터는 레이파트(Lijphart 1999)가 제시한 열 가지 정치제도들을 중심으로 이들이 각각 거부권 행사자 수에 어떠한 영향을 미치는가를 살펴본다. 이와 동시에 슈거트와 케리(Shugart and Carey 1992)가 중요한 정치제도로 제시한 행정부-입법부 관계와 대통령 권한이 거부권 행사자 수에 미치는 영향을 살펴본다.

① 선거제도는 얼마나 비례적인가?

선거제도는 투표 방식, 정당 간 의석 배분 방식, 당내 후보 간 의석 배분 방식, 선거구 크기와 봉쇄조항과 같은 다양한 제도적 요소들로 구성되어 있다. 레이파트(Lijphart 1994)에 의하면, 이들 구성 요소가 어떻게 조합되는가에 따라 서로 다른 선거 공식(electoral formula)이 산출된다. 레이파트는 선거제도를 다수제 공식(plurality-majority formula), 준비례대표 공식(semi-PR formula), 비례대표 공식(PR formula)으로 구분했다.

선거제도의 구성요소들 중 정당의 수에 가장 직접적인 영향을 미치는 요소는 선거구의 크기(district magnitude)이다. 선거구의 크기는 한 선거구에서 선발하는 후보의 수를 의미한다. 선거구의 크기가 커질수록 더 많은 후보를 선발하므로 낮은 득표율로도 당선될 수 있는 후보들의 수가 증가한다. 따라서 선거구의 크기가 커질수록 다당체제가 형성될 가능성이 높아진다. 다당체제에서는 한 정당이 의회에서 다수 의석을 차지하기 어려워지기 때문에 정파적 거부권 행사자의 수가 증가한다. 봉쇄조항이라고 불리는 법적인 진입장벽(electoral threshold)은 군소정당의 의회 진입에 직접적인 영향을 미친다. 봉쇄조항이란 정당이 의석을 배분받기 위해 얻어야 하는 최소한의 조건(득표율 또는 의석율)을 의미한다. 예컨대, 독일은 군소정당의 난립을 방지하기 위해 5% 이상의 득표를 한 정당만 의석을 얻을 수 있도록 하는 봉쇄조항을 설정했다.

선거구의 크기가 작은 경우, 후보들은 의석을 얻기 위해 충분히

대의 민주주의와 한국 정치제도

많은 표를 얻어야 하므로 봉쇄조항 없이도 높은 수준의 실효진입장벽(effective threshold)이 작동한다. 레이파트는 아래의 공식을 통해 실효진입장벽을 계산했다(Lijhpart 1994). 이 공식에 의하면 선거구 크기가 10일 경우, 최소 7% 정도의 득표를 해야 정당이 1석을 얻을 수 있다.

$$\text{실효진입장벽} = \frac{50\%}{(\text{선거구 크기}+1)} + \frac{50\%}{2\text{선거구 크기}}$$

한 국가가 어떠한 선거공식을 채택하는가에 따라 정당의 수와 정파적 거부권 행사자의 수가 달라진다. 소선거구에서 1인을 선발하는 다수제 공식은 단순다수제(plurality system), 결선투표제(runoff system)와 즉각결선제(IR: instant-runoff system)를 포함한다. 단순다수제에서는 최다 득표 후보가 과반수의 표를 얻지 않아도 당선된다. 단순다수제에서는 유권자들이 당선 가능한 주요 정당 후보에게 전략적인 투표를 하므로 군소정당 후보가 승리하기 어렵고 양당 체제가 형성될 가능성이 높다. 결선투표제에서는 후보가 당선되기 위해서 과반수를 확보해야 한다. 과반수를 확보한 후보가 없는 경우, 1, 2위 후보만 참가한 결선투표를 치러 둘 중 더 많은 표를 얻은 후보가 당선된다. 즉각결선제에서는 유권자가 후보들에 대한 선호의 순서를 표시한다. 최상위 선호를 기준으로 과반수를 확보한 후보가 없는 경우, 가장 적은 수의 최상위 선호를 얻은 후보를 제거한 후,

제거된 후보에게 던진 차선의 선호를 기준으로 최하위 후보에게 던져진 표가 남은 후보들에게 이양된다. 최상위 선호 표와 이양된 선호 표의 합이 과반을 넘긴 후보가 결정될 때까지 최상위 선호를 가장 적게 받은 후보들부터 순서대로 1명씩 제거해나간다.

준비례대표 공식은 단기비이양식 제도(SNTV: single non-transferable vote system), 병립형 제도(parallel system)라고 불리는 혼합형 다수제(MMM: mixed member majoritarian system), 다수보강 비례대표제(reinforced PR system)를 포함한다. 단기비이양식 선거제도에서 유권자는 후보에게 1표를 행사하고 한 선거구에서 선발하고자 하는 후보 수만큼의 후보들이 득표순에 따라 당선된다. 단순다수제에서는 한 선거구에서 최다득표자만 선발하므로 군소정당 후보들이 당선될 가능성이 없다. 반면 단기비이양식 선거제도에서는 여러 명을 선발할수록 군소정당 후보들도 당선될 가능성이 증가한다. 병립형 선거제도에서 유권자들은 비례대표 후보와 지역구 후보를 선발한다. 각 정당의 비례대표 의석 수는 봉쇄조항을 충족시킨 정당들이 얻은 총 득표율에서 각 정당의 득표율이 차지한 비율에 따라서 결정되고, 지역구 의석 수는 각 정당의 후보들이 승리한 지역구의 수에 따라 결정된다. 각 정당의 비례대표 의석 수와 지역구 의석 수를 합해서 각 정당의 총 의석이 결정된다. 다수보강 비례대표제에서는 지나치게 파편화된 다당체제가 형성되는 것을 방지하기 위해 제1당 또는 특정한 득표율을 얻은 정당에 보너스 의석을 제공한다.

비례대표 공식은 명부식 비례대표제(list PR: list PR system), 연동형 제도라고 불리는 혼합형 비례대표제(MMP: mixed member PR system), 복층형 비례대표제(two-tier PR system)와 단기이양식 선거제도(STV: single transferable vote system)를 포함한다. 명부 비례대표제는 명부의 유형에 따라 폐쇄형 명부, 개방형 명부, 부분 개방형 명부로 구분된다. 폐쇄형 명부에서 유권자는 정당에 1표를 행사하고 정당득표율에 따라 각 정당이 확보한 의석은 정당이 정한 순서에 따라 후보들에게 배분된다. 개방형 명부에서 유권자는 후보에게 1표를 행사한다. 전국 또는 권역 수준의 선거구에서 같은 정당 후보들이 얻은 표는 정당표로 합산되고 이에 따라 정당득표율이 결정된다. 각 정당은 전국 또는 권역 수준의 정당득표율에 따라 의석을 할당받고, 정당이 할당받은 의석은 후보들의 득표순에 따라 후보들에게 배분된다.

부분 개방형 명부에서 유권자는 후보 또는 정당에 1표를 행사하고, 후보 표와 정당 표를 합산해서 계산한 정당 득표율에 따라 정당들의 의석 수가 결정된다. 충분한 후보 표를 얻어 일정한 당선 기수(자력당선 기준)를 충족시킨 후보는 자력으로 당선된다. 자력으로 당선되지 못한 후보의 당락은 다음과 같이 결정된다. 자력 당선 후보의 잉여 표(당선기수 초과 표)와 정당 표(후보 대신 정당에만 행사한 표)를 합산한 후, 정당이 정한 후보의 순위에 따라 합산된 표를 남은 후보들에게 배분한다. 따라서 부분 개방형에서는 자력 당선이 가능할 뿐만 아니라 자력으로 당선되지 않아도 명부에서 높은 순위를 배정받은 후보가 잉여 표와 정당 표를 이양받아 당선될 가능성이 높다.

이처럼 복잡한 부분 개방형 명부를 고안한 이유는 폐쇄형 명부와 개방형 명부의 단점을 보완하기 위함이다. 정당 지도부가 후보 순위를 정하는 폐쇄형에서 후보들은 정당에만 충성하면 높은 순위를 배정받아 당선될 수 있다. 반면 자력 당선이 가능한 개방형 명부에서는 정당의 이익을 따르는 대신 지역구 유권자들과의 유대를 강화하면 당선될 수 있다. 그러나 부분 개방형에서는 높은 순위를 배정 받는 것과 후보의 개인 표를 얻는 것이 모두 중요하므로, 정당에도 충성하고 지역구 유권자들과의 유대를 소홀히 해서는 안 된다.

명부 비례대표제에서는 각 정당의 정당득표율에 따라 비례적으로 의석을 배분한다. 의석 배분 방식(allocation method)은 크게 최대 잉여법과 최고 평균법으로 구분된다. 최대 잉여법은 쿼터의 크기(quota size)를 산출해서 각 정당의 득표 수(또는 득표율)를 쿼터 크기로 나눈 값의 정수에 해당하는 의석을 배분한다. 정수에 해당하는 의석을 배분했는데 정당이 할당 받은 의석을 다 채우지 못하고 남은 의석이 있는 경우, 득표 수를 쿼터 크기로 나눈 값의 나머지의 크기순으로 잔여 의석을 배분한다. 최대 잉여법은 헤어(Hare), 드룹(Droop), 임페리얼리(Imperiali) 등의 방식이 있다. 세 방식 중 헤어 방식이 작은 정당의 의회 진입에 가장 유리하다.

헤어 방식은 각 정당이 1석을 얻기 위해 확보해야 하는 쿼터 크기를 모든 정당이 얻은 득표 수의 합 또는 득표율의 합을 선거구 의원 정수로 나누어서 계산한다. 예컨대, 모든 정당들의 득표율 합은 100%이고 선거구 의원 정수가 5명인 경우, 쿼터 크기는 20%가 된다. 따라서 한 정당이 1석을 얻기 위해서는 이 정당은 최소 20%를 득표해야 한다. 쿼터 수(number of quotas)는 정당 득표 수 또는 정당 득표율을 쿼터 크기로 나눈 값이다. 예컨대, 의원 정수가 5명인 선거구에서 정당 A가 56%를 득표했다면, 이 정당이 확보한 쿼터 수는 득표율 56%에서 쿼터 크기(20%)를 나눈 2.8개로 계산된다. 정당 B의 득표율이 44%라면 이 정당이 확보한 쿼터 수는 득표율 44%에서 쿼터 크기를 나눈 2.2개로 계산된다. 5석을 배분할 경우, 먼저 두 정당의 쿼터 수의 정수 부분을 기준으로 2석씩 배분하고, 남은 1석은 나머지의 크기에 따라 배분한다. 두 정당이 얻은 쿼터 수의 나머지 크기가 각각 0.8과 0.2이므로 나머지 크기가 더 큰 정당 A가 잔여 의석을 가져간다.

전술한 예에서는 헤어 쿼터 크기를 먼저 계산하고, 각 정당의 득표율을 쿼터 크기로 나누어 각 정당의 쿼터 수를 계산했다. 이처럼 두 단계를 거쳐 헤어 쿼터 수를 계산하는 것보다 더 직관적이고 간편한 방법이 있다. 정당득표율에 선거구 의원 정수를 곱하면 헤어 쿼터 수가 바로 계산된다. 위의 예에서 의원 정수가 5석이고 정당 A의 득표율이 56%라면, 이 정당의 헤어 쿼터 수는 5석에 56%를 곱한 2.8개로 계산된다. 즉 특정 정당의 헤어 쿼터의 수는 이 정당이 자신의 정당 득표율에 비례해서 선거구에 할당된 의석을 가져갈 자격이 있다는 생각을 반영한 값이다. 한 정당이 50%를 득표했으면, 이 정당은 5석의 50%인 2.5석을 가져갈 자격이 있다. 드룹 방식과 임페리얼리 방식에서는 각각 선거구 크기에 1과 2를 더한 값에 정당 득표율을 곱한다.

정당	선거구 의원 정수 M	득표율 V_i	헤어 쿼터 수 (의석 수) $V_i \times M$	드롭 쿼터 수 (의석 수) $V_i \times (M+1)$	임페리얼리 쿼터 수 (의석 수) $V_i \times (M+2)$
A	5	50%	2.50 (2석)	3.00 (3석)	3.50 (3석)
B	5	36%	1.80 (2석)	2.16 (2석)	2.52 (2석)
C	5	14%	0.70 (1석)	0.84 (0석)	0.98 (0석)

이 표는 세 종류의 최대 잉여법에서 세 정당 간 의석 배분이 어떻게 이루어지는가를 보여준다. 정당 A, B, C의 정당 득표율이 각각 50%, 36%, 14%이고 한 선거구에서 5명의 후보를 선발하는 경우, 헤어 방식에서 각 정당의 헤어 쿼터 수는 2.5, 1.8, 0.7로 계산된다. 먼저 각 정당이 얻은 헤어 쿼터 수의 정수에 따라 의석을 배분하면 정당 A와 정당 B가 각각 2석과 1석을 얻게 된다. 전체 5석 중 3석이 정수의 크기에 따라 배분되었으므로 2석의 잔여 의석이 발생한다. 잔여 의석은 나머지 크기에 따라 배분하므로, 나머지가 0.8인 정당 B와 0.7인 정당 C가 각각 잔여 의석 1석씩을 차지하게 된다.

드룹 방식에서는 선거구 의원 정수에 1을 더한 값에 각 정당의 득표율을 곱한다. 각 정당의 드룹 쿼터 수는 3.00, 2.16, 0.84로 계산된다. 각 정당이 얻은 드룹 쿼터 수의 정수에 따라 의석을 배분하면 정당 A와 정당 B가 각각 3석과 2석을 얻게 되어 잔여 의석 없이 5석이 모두 배분된다. 임페리얼리 방식에서는 의원 정수에 2를 더한 값에 각 정당의 득표율을 곱한다. 표의 예에서 각 정당의 임페리얼리 쿼터 수가 3.50, 2.52, 0.98로 계산된다. 각 정당이 얻은 임페리얼리 쿼터 수의 정수에 따라 의석을 배분하면 정당 A와 정당 B가 각각 3석과 2석을 얻게 되어 잔여 의석 없이 5석이 모두 배분된다. 임페리얼리 방식에서는 임페리얼리 쿼터 수의 정수에 따라 배분되어야 하는 의석 수가 의원 정수를 초과할 수 있다. 이럴 경우, 임페리얼리 방식보다 쿼터 크기가 더 큰 드룹 방식으로 의석을 배분한다(Lijphart 1994).

54페이지 표에서는 헤어 방식에서 가장 작은 정당 C가 1석을 확보한 반면, 다른 두 방식에서는 1석도 차지하지 못했다는 사실을 보여준다. 일반적으로 헤어 방식에 비해 드룹 방식이, 드룹 방식에 비해 임페리얼리 방식이 작은 정당의 의석 확보에 더 불리하다. 이는 왜냐하면 헤어 쿼터 크기가 가장 크고 임페리얼리 쿼터 크기가 가장 작기 때문이다. 여기에서 헤어 쿼터, 드룹 쿼터, 임페리얼리 쿼터 크기는 각각 20.00%, 16.67%, 14.28%이다. 각 정당의 쿼터 수는 득표율을 쿼터 크기로 나누기 때문에, 득표율을 큰 쿼터 크기로 나누는 것보다 작은 쿼터 크기로 나눌 경우, 쿼터 수가 정수에 도달할 가능성이 작은 정당에 비해 큰 정당에서 더 높게 나타난다. 예컨대, 정당 A의 득표율을 헤어 쿼터 크기(20.00%)로 나눌 경우, 헤어 쿼터 수는 2.50이었으나 드룹 쿼터 크기(16.67%)로 나누면 3.00으로 계산되어 정당 A의 쿼터 수가 0.5만큼 증가한다. 반면, 정당 C의 득표율을 헤어 쿼터 크기로 나눌 경우 헤어 쿼터 수는 0.70이었으나 드룹 쿼터 크기로 나누면 0.98로 계산되어 정당 C의 쿼터 수는 0.28만큼만 증가한다. 이처럼 정당 득표율을 더 작은 쿼터 크기로 나눌수록, 큰 정당에 비해 작은 정당의 쿼터 수가 조금씩 증가하기 때문에 작은 정당의 의석 확보에 임페리얼리 방식이 가장 불리하다.

최고 평균법(highest average)은 각 정당의 득표 수(또는 득표율)를 정수 또는 그 밖의 수로 나누어 산출된 평균을 비교해서 평균이 큰 순서대로 의석을 배분하는 방식이다. 최고 평균법에는 동트(d'Hondt), 상트라그(Saint Lague), 수정된 상트라그(modified Saint Lague) 방식이 있다. 세 방식 중 동트 방식이 작은 정당의 의회 진입에 가장 불리하다.

다음의 표는 세 방식을 이용했을 경우 세 정당의 의석이 어떻게 배분되는가를 보여준다. 동트 방식에서는 각 정당의 득표율을 정수로 나눈 평균값이 큰 순서대로 의석을 배분한다. 표가 보여주듯이, 가장 큰 평균값(50.0%)을 가진 정당 A에 첫 번째 의석을 배분하고, 두 번째로 큰 평균값(36.0%)을 가진 정당 B에 두 번째 의석을 배분하고, 차례로 다섯 번째 큰 평균값(16.7%)을 가진 정당 A에 다섯 번째 의석을 배분한다. 상트라그 방식에서는 각 정당의 득표율을 홀수로 나눈 평균값이 큰 순서대로 의석을 배분한다. 따라서 가장 큰 평균값(50.0%)을 가진 정당 A에 첫 번째 의석을 배분하고, 두 번째로 큰 평균값(36.0%)을 가진 정당 B에 두 번째 의석을 배분하고, 차례로 다섯 번째 큰 평균값(12.0%)을 가진 정당 B에 다섯 번째 의석을 배분한다.

대의 민주주의와 한국 정치제도

	동트			상트라그			수정된 상트라그		
	정당 A	정당 B	정당 C	정당 A	정당 B	정당 C	정당 A	정당 B	정당 C
V_i / 1	50.0% (1번째)	36.0% (2번째)	14.0%	50.0% (1번째)	36.0% (2번째)	14.0% (4번째)			
V_i / 1.4							35.7% (1번째)	25.7% (2번째)	10.0% (5번째)
V_i / 2	25.0% (3번째)	18.0% (4번째)	7.0%						
V_i / 3	16.7% (5번째)	12.0%	4.7%	16.7% (3번째)	12.0% (5번째)	4.7%	16.7% (3번째)	12.0% (4번째)	4.7%
V_i / 4	12.5%	9.0%	3.5%						
V_i / 5				7.1%	5.1%	2.0%	7.1%	5.1%	2.0%
의석 수	3석	2석	0석	2석	2석	1석	2석	2석	1석

　　동트 방식과 상트라그 방식에서의 의석 배분 결과를 비교하면, 동트 방식에서는 정당 C가 1석도 얻지 못했으나, 상트라그 방식에서는 1석을 얻었다는 사실을 알 수 있다. 이러한 차이가 발생하는 이유는 상트라그 방식에서는 큰 정당의 득표율은 더 큰 수로 나누어질 가능성이 크기 때문이다. 표에서 보여주듯이, 의석 배분을 위해 큰 정당과 작은 정당의 평균값을 비교할 때, 일반적으로 큰 정당의 득표율을 여러 번 나눈 평균값과 작은 정당의 득표율을 1~2회 나눈 평균값을 비교하게 된다. 동트 방식에서는 분모를 1씩 증가시키면서 큰 정당의 득표율을 나누기 때문에 평균값이 천천히 감소하는 반면, 상트라그 방식에서는 분모를 2씩 증가시키면서 나누기 때문에 평균값이 급격하게 감소하게 된다.

　　예컨대, 동트 방식에서는 정당 A의 득표율을 3번 나눌 경우 평균값이 16.7%인 반면, 상트라그 방식에서는 평균값이 7.1%로 급격하게 줄어든다. 이처럼 큰 정당의 득표율을 여러 번 나눈 평균값을 작은 정당의 득표율을 1~2회 나눈 평균값과 비교하게 되므로, 동트 방식에 비해 상트라그 방식에서 작은 정당이 의석을 얻을 기회가 증가한다. 표에서 보여주듯이, 동트 방식에서는 정당 A의 득표율을 세 번 나눈 평균값(16.7%)이 정당 C의 득표율을 한 번 나눈 평균값(14.0%)보다 컸으나, 상트라그 방식에서는 정당 A의 득표율을 세 번 나눈 평균값(7.1%)이 정당 C의 득표율을 한 번 나눈 평균값(14.0%)보다 더 작게 된다. 따라서 동트 방식보다 상트라그 방식에서 작은 정당이 의석을 확보하기 쉬워진다.

수정된 상트라그 방식에서는 상트라그 방식과 마찬가지로 득표율을 홀수로 나누나, 첫 번째 단계에서 1대신 1.4를 이용해서 득표율을 나눈다. 이처럼 첫 번째 단계에서 정당들의 득표율을 1로 나누지 않는 이유는 군소정당의 의회 진입을 억제하기 위해서이다. 앞에서 설명한 바와 같이, 정당 득표율을 홀수로 나누는 상트라그 방식은 큰 정당에 매우 불리하게 작동해서 군소정당의 난립을 초래할 수 있다. 첫 번째 단계의 분모를 1대신 1.4를 이용하는 이유는 군소정당의 의회 진입을 억제하기 위한 진입장벽을 높이기 위해서이다. 표에서는 상트라그 방식에서 정당 C의 평균값이 4번째로 큰 반면, 수정된 상트라그 방식에서는 5번째로 크다는 사실을 보여준다. 만약 의원 정수가 4명이라면, 정당 C는 상트라그 방식에서 1석을 얻을 수 있는 반면, 수정된 상트라그 방식에서는 1석도 못 얻게 된다.

대의 민주주의와 한국 정치제도

따라서 정당 C의 의회 진입을 막을 수 있다. 표의 예처럼 의원 정수가 5명일 경우, 첫 번째 분모의 크기를 1.4보다 더 크게 하면 정당 C의 의회 진입을 막을 수 있다. 예컨대, 첫 번째 분모를 1.4에서 2로 증가시키면, 정당 C의 득표율을 한 번 나눈 평균값은 7.0%가 되는 반면, 정당 A의 득표율을 세 번 나눈 평균값은 7.1%가 된다. 따라서 정당 C대신 정당 A가 5번째 의석을 차지하게 된다.

혼합형 선거제도는 명부 비례대표제와 단순다수제를 혼합한 제도이다. 혼합형 선거제도는 혼합형 다수제(병립형 제도)와 혼합형 비례대표제가 있다. 혼합형 다수제와 혼합형 비례대표제 모두 유권자들이 2표를 각각 후보와 정당에 행사한다는 공통점이 있다. 이처럼 유권자들이 두 표를 행사하는 이유는 단순다수제와 비례대표제가 각각 가지고 있는 단점을 보완하기 위해서이다. 단순다수제에서는 낙선한 후보에게 행사한 표가 사표가 되어 불비례적인 의석 배분 결과가 초래된다. 뿐만 아니라, 후보의 당락이 유권자의 선택에 의해서 결정되므로 후보는 정당에 충성하기보다 지역구민의 이해에만 집중하게 된다. 비례대표제에서는 비례적인 의석 배분이 이루어지나 여러 명을 선발하는 명부에서 후보를 선택해야 하므로 다수 후보에 대한 정보를 파악하기 어렵다. 특히 후보의 순위를 정당이 결정하는 폐쇄형 명부에서는 유권자들이 후보를 선택할 수 없고, 후보들은 지역구민의 이해를 대변하기보다 정당 지도부에만 충성할 동기가 있다. 두 선거제도의 단점들을 서로 보완하기 위해, 단순다수제와 비례대표제를 섞어서 두 종류의 의원들을 선발하는 제도가 혼합형 선거제도이다.

준비례대표제인 혼합형 다수제와 달리 혼합형 비례대표제에서 정당 간 의석 배분은 비례적으로 이루어진다. 혼합형 다수제는 비례대표 의원과 지역구 의원을 각각 비례대표제와 단순다수제로 선발하는 제도로 두 선거제도에서의 결과는 서로 영향을 미치지 않는다. 비례대표 의석의 정당 간 배분은 봉쇄조항을 충족시킨 정당득표율에 따라 이루어지고, 지역구 의석 배분은 지역구 선거결과에 따라 결정된다. 각 정당이 서로 다른 두 선거제도에서 얻은 두 종류의 의석을 단순히 합할 뿐이다. 따라서 비례대표 의석 배분은 비례적으로 이루어지나 지역구 의석 배분은 불비례적으로 이루어진다.

다음 표의 좌측 자료는 혼합형 다수제에서 의석 배분이 어떻게 이루어지는가를 보여준다. 표에서 보여준 예에서 비례대표와 지역구 의석은 각각 100개로 구성되어 있다. 비례대표 의석은 각 정당의 득표율에 따라 비례적으로 배분되는 반면, 지역구 의석은 큰 정당이 득표율에 비해 더 많은 의석을 가져갈 수 있다. 여기에서는 50%의 득표를 한 정당 A가 득표율에 비례하는 50석의 비례대표 의석을 가져간 반면, 100개의 지역구 의석 중 80개를 가져가는 경우를 보여준다. 혼합형 다수제에서는 지역구 선거에서 초래된 불비례적인 선거결과를 보완해주지 않는다. 혼합형 다수제에서는 비례대표 의석이 비례적으로 배분되어도 지역구 의석은 불비례적으로 배분되므로, 준비례대표제로 분류된다.

혼합형 다수제와 혼합형 비례대표제에서의 의석 배분

정당	정당 득표율 V_i(%)	혼합형 다수제(병립형)			혼합형 비례대표제(연동형)		
		승리 지역구 수 D_i	비례대표 의석 수 $R_T \times V_i$	전체 의석 수 $D_i + R_T \times V_i$	전체 의석 수 $S_T \times V_i$	승리 지역구 수 D_i	비례대표 의석 수 $S_T \times V_i - D_i$
A	50%	80석	50석	130석	100석	80석	20석
B	34%	20석	34석	54석	68석	20석	48석
C	16%	0석	16석	16석	32석	0석	32석
합	100%	100석 (D_T)	100석 (R_T)	200석 (S_T)	200석 (S_T)	100석 (D_T)	100석 (R_T)

혼합형 다수제와 달리, 혼합형 비례대표제에서 의석 배분은 비례적으로 이루어진다. 혼합형 비례대표제에서 의석 배분이 비례적으로 이루어지는 이유는 지역구 득표에 비해 의석을 적게 얻은 정당의 손해를 비례대표 의석을 통해 보상해주기 때문이다. 위 표의 우측 부분이 보여주듯이, 혼합형 비례대표제에서는 먼저 전체 의석 200석을 정당득표율에 따라 각 정당에 배분한다. 다음은 각 정당이 확보한 의석에서 지역구 의석 수를 차감한다. 정당 A처럼 대부분의 지역구에서 승리한 정당의 경우, 비례대표 의석 수는 그만큼 줄어든다. 반면 정당 C처럼 지역구 의석을 한 석도 얻지 못한 정당은 모든 의석이 비례대표 의석으로 채워진다. 이처럼 지역구 선거결과에서 초래된 불비례적인 선거결과를 비례대표 의석을 통해 보전해주기 때문에, 혼합형 비례대표에서는 비례대표제와 단순다수제 선거결과가 서로 연동되어 있다. 지역구에서 강한 정당은 비례대표 의석 비율이 줄어들고, 지역구에서 약한 정당은 비례대표 의석 비율이 높아진다.

혼합형 비례대표제는 명부형 비례대표제가 가지고 있지 않은 단점을 가지고 있다. 혼합형 비례대표제에서 각 정당이 정당득표율에 의해서 확보한 의석 수보다 더 많은 지역구에서 승리하게 되면, 초과의석이 발생한다. 예컨대, 앞의 표에서 정당 A, B, C는 각각 정당득표율에 의해서 100석, 68석, 32석을 얻을 자격이 있다. 그러나 표에서 보여준 결과와 달리 세 정당이 각각 20, 80, 0곳의 지역구에서 승리했다면, 정당 B는 자신이 확보한 68석보다 더 많은 12곳의 지역구에서 승리했다. 이럴 경우, 비례적인 의석 배분을 위해 정당 B에게 지역구 의석 12석을 차감하고 68석만 배분하는 것이 아니라, 80석 모두를 배분한다. 따라서 정당 B는 비례적인 의석 배분 결과보다 12석을 초과한 지역구 의석 80석을 얻게 되고 대신 비례대표 의석은 1석도 얻지 못하게 된다. 이처럼 지역구에서 강한 정당이 정당득표율에 따라 배분된 의석 수보다 더 많은 지역구에서 승리하게 경우, 의회의 전체 의석 수는 그만큼 증가하게 된다.

복층형 비례대표제는 비교적 적은 수의 후보를 선발하는 낮은 수준(lower tier)의 선거구들과 이들을 통합한 높은 수준(upper tier)의 선거구로 구성되어 있다. 혼합형 비례대표제는 일종의 복층형 비례대표제로, 1명을 선발하는 소선거구를 낮은 선거구로 이용하고 이들을 권역별 또는 전국적으로 통합한 높은 수준의 선거구를 이용한 제도이다. 복층형 비례대표제에서는 대신 낮은 수준의 선거구에서도 여러 명의 후보를 선발한다. 이처럼 선거구를 두 층으로 나눈 이유는 명부형 비례대표제의 단점을 보완하기 위해서이다. 명부형 비례대표제에서 선거구 크기가 클 경우, 수많은 후보가 포함된 명부를 보고 투표해야 하므로 이들에 대한 정보를 확보하기 어렵다. 따라서 유권자들을 비교적 작은 선거구에서 투표하게 해서 후보에 대한 정보 습득을 용이하게 한다. 그러나 이처럼 작은 선거구에서의 투표결과를 기준으로 의석을 배분할 경우 불비례적인 의석 배분이 이루어질 수 있다. 따라서 복층형 선거제도에서는 하위 선거구를 통합한 상위 선거구에서 정당득표율을 기준으로 의석 배분을 하도록 해서 비례성을 높인다.

② 정당체제가 양당제인가, 다당제인가?

한 국가의 선거제도와 정치균열의 양태는 정당체제에 영향을 미친다. 정당체제는 크게 양당체제와 다당체제로 구분된다. 양당체제에서는 두 정당 중 한 정당이 의회의 과반수 의석을 차지하므로 다수당을 지지하는 유권자 다수의 입장을 반영할 가능성이 높다. 특히 의회 다수가 행정부를 구성하고, 행정부가 법안을 발의하는 의회제에서는 다수당이 소수의 견제 없이 원하는 법안을 통과시킬 수 있다. 따라서 양당체제와 의회제가 결합하면, 독자적인 거부권 행사자가 산출된다. 반면 다당체제에서는 한 정당이 의회의 과반수 의석을 차지할 가능성이 낮기 때문에 소수가 다수를 견제할 가능성이 높다. 따라서 다당체제는 다수의 거부권 행사자를 산출한다.

정당체제를 양당체제와 다당체제로 분류하는 이분법적 시각은

양당체제 또는 다당체제 내부에서도 다양한 차이가 있다는 사실을
포착하기 어렵다. 양당체제에서도 두 정당이 의석을 거의 동등하게
차지하는 체제가 있을 수 있고, 한 정당이 의석의 대부분을 차지하
는 체제가 있을 수 있다. 마찬가지로, 다당체제에서도 의석이 여러
정당에 골고루 배분된 체제가 있을 수 있고, 한 정당 또는 두 정당
에 의석이 집중된 체제가 있을 수 있다. 따라서 정당의 수를 계산할
때 정당의 상대적인 크기를 감안할 필요가 있다.

학자들은 정당의 상대적인 크기를 감안하기 위한 지표들을 개
발했는데, 래(Rae 1971)가 제시한 실효 정당의 수(effective number of
parties)라는 지표가 주로 사용된다. 실효 정당의 수를 계산하기 위
해, 먼저 특정 정당에 대한 지지가 집중된 정도 또는 특정 정당이 의
석을 독점한 정도를 측정할 필요가 있다. 이를 "집중도"(concentration
index)라고 부른다.

득표 집중도는 소수의 정당에 득표가 집중된 정도를 나타낸다.
득표 집중도는 다음과 같은 공식을 통해 계산한다. v_i는 정당 i가
얻은 득표 비율을 의미한다.

$$CI_v = \sum_{i=1}^{n} v_i^2 = v_1^2 + v_2^2 + \ldots + v_{n-1}^2 + v_n^2$$
$$= v_1 \times v_1 + v_2 \times v_2 + \ldots + v_{n-1} \times v_{n-1} + v_n \times v_n$$

위 공식에 의하면, 득표 집중도는 각 정당이 얻은 득표율에 득표
율을 곱한 값을 더한 값이다. 이처럼 각 정당이 얻은 득표율에 득

표율을 곱하는 이유는 각 정당이 얻은 득표율을 비중으로 사용하기 위해서이다. 즉 득표율이 높은 정당에 이 정당이 얻은 득표율만큼의 비중을 부여하고, 득표율이 낮은 정당에 이 정당이 얻은 득표율만큼의 비중을 부여해서 집중도를 계산한다. 예컨대, 네 정당이 40%, 30%, 20%, 10%의 득표를 했다면, 첫 번째 정당에 득표가 40%나 집중되었으므로 40%만큼의 비중을 둔다. 반면 네 번째 정당에 득표가 10%만 집중되었으므로 10%만큼만 비중을 둔다. 한 정당에 득표가 100% 집중되면 집중도는 1로 계산되고, 여러 정당이 비슷한 득표를 했으면 집중도는 감소한다.

의석 집중도는 각 정당이 얻은 득표율 대신 의석율을 사용해서 아래와 같이 계산한다. 아래에서 s_i는 정당 i가 얻은 의석율을 의미한다. 의석 집중도는 특정 정당에 의석이 집중된 정도를 나타낸다.

$$
\begin{aligned}
CI_s = \sum_{i=1}^{n} s_i^2 &= s_1^2 + s_2^2 + \ldots + s_{n-1}^2 + s_n^2 \\
&= s_1 \times s_1 + s_2 \times s_2 + \ldots + s_{n-1} \times s_{n-1} + s_n \times s,
\end{aligned}
$$

정당의 상대적인 크기를 감안해서 정당의 수를 계산할 때, 소수 정당에 득표 또는 의석이 집중된 경우 집중도가 증가하고 정당의 수는 감소한다. 이처럼 정당의 상대적인 크기를 감안해서 정당의 수를 계산한 지표가 실효 정당의 수이다. 실효 정당의 수는 실효 선거 정당의 수(ENEP: effective number of elective parties)와 실효 의회 정당의 수(ENPP: effective number of parliamentary parties)로 구분된다. 실효 선거

정당의 수는 유권자의 지지를 실질적으로 확보할 수 있는 정당의 수를 의미하며, 실효 의회 정당의 수는 의회에서 실질적으로 영향을 발휘할 수 있는 정당의 수를 의미한다. ENEP와 ENPP는 각각 다음과 같은 공식을 통해 계산한다.

$$ENEP = \frac{1}{CI_v}$$

$$ENPP = \frac{1}{CI_s}$$

위 공식에 의하면, ENEP는 분모가 증가할수록 감소한다. 즉 정당들의 득표가 소수 정당에 집중될수록 더 작게 계산된다. 마찬가지로 ENPP는 정당들의 의석이 소수 정당에 집중되어 있을수록, 더 작게 계산된다.

다음 표는 아홉 종류의 정당체제에서 정당의 수와 득표율(또는 의석율)에 따른 집중도와 실효 정당의 수를 보여준다. 정당체제 I은 정당 A가 100%의 득표(의석)를 확보한 경우이다. 정당체제 II, III, IV는 두 정당 중 한 정당에 집중된 정도가 서로 다른 경우이다. 정당체제 II, III, IV를 서로 비교하면, 세 정당체제 모두 두 정당이 존재함에도 불구하고 실효 정당의 수는 매우 다르다는 사실을 볼 수 있다. 정당체제 IV의 실효 정당 수는 양당체제(2.00)로 계산되었으나 정당체제 II는 오히려 1당체제(1.22)와 가깝게 계산되었다. 이러한 이유는 정당체제 IV에서 두 정당의 득표율(의석율)이 서로 동등한 반면 정당체제

정당 체제	정당 수	정당 A 득표율 (의석율)	정당 B 득표율 (의석율)	정당 C 득표율 (의석율)	정당 D 득표율 (의석율)	CI (CI)	1-CI (1-CI)	ENEP (ENPP)
I	1	1.00				1.00	0.00	1.00
II	2	0.90	0.10			0.82	0.18	1.22
III	2	0.60	0.40			0.52	0.48	1.92
IV	2	0.50	0.50			0.50	0.50	2.00
V	3	0.50	0.40	0.10		0.42	0.58	2.38
VI	3	0.40	0.40	0.20		0.36	0.64	2.78
VII	3	0.33	0.33	0.33		0.33	0.67	3.00
VIII	4	0.40	0.30	0.20	0.10	0.30	0.70	3.33
IX	4	0.25	0.25	0.25	0.25	0.25	0.75	4.00

II에서는 득표율(의석율)의 90%가 정당 A에 집중되었기 때문이다.

정당체제 V, VI, VII는 세 정당 중 한 정당에 집중된 정도가 서로 다른 경우이고, 정당체제 VIII, IX는 네 정당 중 한 정당에 집중된 정도가 서로 다른 경우이다. 다음은 정당체제 내에서 정당들의 득표율(의석율)이 서로 동등한 정당체제 IV, VII, IX를 서로 비교하면, 이 정당체제들의 실효 정당의 수는 실제로 존재하는 정당의 수와 같다는 것을 알 수 있다. 이처럼 실효 정당의 수는 모든 정당의 크기가 동일할 때만 정당의 수와 동일해진다. 반면 한 정당에 득표율(의석율)이 집중될수록, 실효 정당의 수는 감소하게 된다.

학자들은 선거제도의 불비례성을 측정하기 위해 다양한 지표들을 개발해왔다(Lijphart 1994). 이들 중 가장 널리 쓰이는 지표로 갤러거 지수(GI: Gallagher Index)가 있으며, 이 지수는 다음의 공식을 이용해서 계산한다. 아래 공식에서 $v_i - s_i$는 득표율과 의석율의 차이를 나타낸다. 따라서 정당들의 득표율과 의석율이 차이가 증가할수록, 불비례성은 증가한다. 아래 공식에서 $v_i - s_i$에 $v_i - s_i$를 곱하는 이유는 득표율과 의석율의 괴리가 큰 정당에 더 큰 비중을 두어 계산하기 위함이다.

$$GI = \sqrt{\frac{(v_1 - s_1)(v_1 - s_1) + (v_2 - s_2)(v_2 - s_2) + \ldots + (v_n - s_n)(v_n - s_n)}{2}}$$

③ 행정부와 의회는 서로 의존적인가, 독립적인가?

행정부와 입법부의 관계에 따라 서로 다른 정부형태가 산출된다. 행정부와 입법부가 서로 독립적인 경우, 거부권 행사자의 수는 증가한다. 슈거트와 캐리(Shugart and Carey 1992)에 의하면, 의회제(parliamentary system)와 순수한 대통령제(pure presidential system)는 행정부와 입법부의 기원(origin), 생존(survival), 입법적 권한(legislative authority)에서 서로 다른 특성을 가지고 있다. 여기서는 이러한 차이점에 대해 논의하고, 의회제와 순수한 대통령제를 변형시킨 혼합형(hybrid) 정부형태를 살펴본다.

의회제에서 입법부와 행정부의 기원은 서로 의존적이다. 국민은 입법부를 구성하는 의원들을 직접 선발하는 반면, 행정부 수반인 총리는 직접 선발하지 않는다. 총선에서 다수 의석을 얻은 다수당 또는 다수연합이 행정부를 구성하고 총리를 선발한다. 다수당 또는 다수연합이 정부를 형성하는 데 실패할 경우, 소수당 또는 소수연합이 소수정부를 구성한다. 행정부는 정부에 참여한 다수당 또는 다수연합의 지도부로 구성되므로, 소수정부가 형성되지 않는 한 의회가 정부를 견제하기 어렵고 권력은 행정부에 집중된다. 한 정당이 의회 과반수를 확보한 경우, 독자적인 거부권 행사자가 산출된다. 반면, 순수한 대통령제에서 행정부와 입법부의 기원은 서로 독립적이다. 대통령제에서는 국민이 입법부를 구성하는 의원들을 직접 선발하고, 행정부 수반인 대통령도 직접선거 또는 선거인단 투표를 통해 선발한다. 따라서 대선에서 대통령을 지지한 유권자 다수와 총선에서 다수당 또는 다수 연합을 지지한 유권자 다수가 서로 일치하지 않을 수 있다. 이럴 경우, 입법부와 행정부는 서로 다른 다수의 입장을 대변하기 위해 서로 견제한다.

의회제에서는 행정부와 입법부가 서로의 생존을 의존한다. 행정부는 의회를 해산할 수 있으며, 의회는 국정운영의 책임을 물어 정부를 실각시킬 수 있다. 반면, 순수한 대통령제에서 행정부와 입법부의 생존은 서로 독립적이다. 대통령은 의회를 해산할 수 없으며, 대통령의 임기는 고정되어 있기 때문에 의회는 대통령에게 국정운영의 책임을 물어 정부를 해산할 수 없다. 대통령제에서는 대통령 파면을 정당화할 정도로 중대한 헌법이나 법률 위배가 있는 경우에만 대통령을 탄핵할 수 있다. 대통령제에서 탄핵은 삼권분립을 기초로 하기 때문에 대통령의 탄핵에 입법부와 사법부가 모두 관여하게 된다.

의회제에서는 행정부가 법안을 발의하고 입법부의 동의를 얻어야 하는 반면, 순수한 대통령제에서는 입법부가 발의하고 대통령의 동의를 얻어야 한다. 따라서 두 정부형태 모두 입법부와 행정부가 서로 동의할 때 법이 통과된다. 입법부와 행정부가 서로 동의하기 위해서는 양방의 이견 조율이 필요하다. 일반적으로 양방이 서로 거래를 할 경우, 자신이 원하는 바를 얻기 위해 서로 흥정하면서 상대의 제안을 조정해간다. 그러나 일방의 제안에 대해 상대가 수정을 할 수 없고 제안을 받을 것인가, 말 것인가만 결정할 수 있는 거래 방식이 있다. 예컨대, 정찰제에서는 상인이 가격을 제안하면 손님을 새로운 가격을 흥정할 수 없고 제시된 가격에 상품을 살 것인가, 말 것인가만 결정해야 한다. 일방의 제안에 대해 상대가 수정을 할 수 없고 제안을 받을 것인가, 말 것인가만 결정할 수 있는 경우, 제안자를 "의제 설정자"(agenda setter)라고 부른다(Tsebelis 2002). 따라서 정찰제 거래에서는 상인이 의제설정자이다. 정찰제 거래와 마찬가지로, 입법부와 행정부의 거래에서는 일방이 먼저 제안하면 상대는 이 제안을 받을 것인가, 말 것인가만 결정할 수 있다.

의제 설정자는 의사결정을 자신에게 유리하게 끌어올 수 있다 (Tsebelis 2002). 왜냐하면 정찰제 거래에서 상품 가격을 깎지 못하듯이, 의제 설정자의 제안에 수정을 가할 수 없기 때문이다. 의제 설정자는 상대가 자신의 제안을 어느 정도까지 수용할 수 있는가를 알면, 상대가 수용 가능한 입장들 중 자신에게 가장 유리한 입장을 제시할 수 있다. 예컨대, 상인과 손님이 거래할 때, 상인은 손님이 어

대의 민주주의와 한국 정치제도

느 정도의 예산이 있는가를 물어본다. 손님이 자신의 예산에 대한 정보를 제공하면, 상인은 손님이 구입을 원하는 상품들 중 자신이 가장 큰 이익을 볼 수 있는 상품을 제안한다. 마찬가지로, 입법부와 행정부 중 먼저 제안하는 쪽이 자신에게 더 유리한 입법결과를 얻을 수 있다.

입법과정은 법안을 발의하는 의제설정 기관과 이에 대해 거부권을 행사하는 기관 간의 게임이다. 순수한 대통령제에서는 의회가 법안을 발의하고 대통령이 이를 수용할 것인가, 거부할 것인가를 결정한다. 따라서 순수한 대통령제에서는 의회가 의제설정자이고 대통령이 거부권 행사자이다. 이럴 경우, 의제설정자인 의회에 유리한 결과가 초래된다. 따라서 통념과는 달리 대통령제에서는 의회의 입법적 권한이 대통령보다 더 강하다. 반면 의회제에서는 행정부가 법안을 발의하고 의회는 이를 수용할 것인가, 거부할 것인가를 결정한다. 이럴 경우, 의제설정자인 행정부에 유리한 입법결과가 초래된다. 따라서 의회제에서는 행정부의 입법적 권한이 의회보다 더 강하다. 즉 정부형태의 이름과는 정반대로 대통령제에서는 의회의 권한이 더 강하고, 의회제에서는 행정부의 권한이 더 강하다.

혼합형 정부형태라고 불리는 준대통령제(semi-presidential system)에는 수상-대통령제(premier-presidential system)와 대통령-의회제(president parliamentary system)가 있다(Shugart and Carey 1992). 리투아니아, 몽골, 세르비아, 우크라이나, 이집트, 포르투갈, 폴란드, 프랑스 등의 국가들이 수상-대통령제를 채택하고 있다. 러시아, 모잠비크,

스리랑카, 콩고, 타이완 등의 국가들이 대통령-의회제를 채택하고 있다. 의회제는 총선에서의 다수가 자신을 대변할 권한을 의회에 위임하고 정부가 의회에 책임지는 제도이다. 대통령제는 서로 다른 두 선거에서의 다수가 자신을 대변할 권한을 행정부와 의회에 각각 위임하는 제도이다. 준대통령제는 총선과 대선을 통해 서로 다른 정당성을 가진 의회 다수와 행정부를 창출한 후, 두 대리인 모두가 행정권에 일정한 영향력을 행사하도록 한 구조이다.

수상-대통령제와 대통령-의회제 모두 직접 선거로 대통령을 선발하며, 대통령은 의회를 해산할 수 있고 의회는 불신임안을 통해 내각을 해산할 수 있다. 수상-대통령제와 대통령-의회제의 가장 중요한 차이점은 전자에서는 의회만 내각 구성권을 가지고 있는 반면 후자에서는 대통령이 내각 각료의 임면권을 가지고 있다는 것이다. 수상-대통령제에서 대통령이 내각을 재구성하기 위해서는 의회를 해산하고 선거를 통해 새롭게 형성된 의회가 내각을 구성하도록 해야 한다.

준대통령제가 도입된 이유는 대통령제의 단점을 의회제의 장점으로 보완하기 위해서이다. 대통령제에서는 대통령의 임기가 보장되어 있기 때문에 국정운영의 책임을 물어 정부를 교체할 수 없는 반면, 의회제에서는 의회가 불신임안을 통해 정부의 책임을 물을 수 있다. 그러나 준대통령제는 국가의 상황에 따라 대통령제와 의회제의 단점이 모두 부각될 수도 있는 체제이다. 준대통령제에서 대통령 정당이 의회 다수를 형성하고 대통령이 다수당을 지배할 경우, 막강한 권한이 대통령에게 집중된다. 반면, 여당이 의회 다수를 형성하지 못할 경우, 동거정부(cohabitation)에서 대통령과 다수당의 수상이 서로 대치할 수 있다. 준대통령제에서 대통령과 수상의 소속정당이 다르면서 이 둘의 정당들 중 어떤 정당도 다수를 차지하지 못하는 분점 소수정부가 형성되는 상황이 발생하면, 정부 불안정이 발생할 가능성이 크다. 정당체제가 파편화되고 불안정한 국가에서 준대통령제를 도입하면, 잦은 정부 불신임과 의회 해산과 이에 따른 권력공백이 일어날 수 있다.

④ 대통령의 권한은 어느 정도로 강한가?

대통령 권한이 강할수록, 행정부에 권력이 집중되고 거부권 행사자의 수는 줄어든다. 슈거트와 케리(Shugart and Carey 1992)는 대통령의 권한을 입법적 권한과 비입법적 권한으로 구분한 후, 이러한 권한들을 계량화시킬 수 있는 지표를 마련했다. 대통령의 입법적 권한에는 수동적 입법 권한이라고 불리는 다양한 거부권들(package veto, partial veto, pocket veto)이 있다. 그 밖에도 행정명령(decree), 행정부의 독점적 입법 권한, 국민투표 발의권이 입법적 권한에 포함된다. 비입법적 권한에는 대통령이 내각을 구성하고 해산할 수 있는 권한과 의회를 해산할 수 있는 권한, 그리고 의회가 내각(행정부)을 해산할 수 있는 능력을 포함한다.

대통령은 국회를 통과한 법안을 상대로 다양한 거부권을 행사할 수 있다. 첫째, 대통령의 총체적 거부권(package veto)은 법안 전체에 대해 행사할 수 있는 거부권이다. 국회는 대통령이 거부한 법안에 대해 재의결을 결정해서 대통령의 거부권을 기각할 수 있는데 대통령 거부권 기각 조건이 까다로워질수록 대통령의 권한은 증가한다. 둘째, 대통령의 부분적 거부권(partial veto)은 제출된 법안들의 내용 중 대통령이 원하지 않는 항목만 거부할 수 있는 권한이다. 대통령이 부분적 거부권이 있으면, 원하지 않는 내용을 삭제하고 원하는 내용만 통과시킬 수 있으므로, 대통령은 강력한 입법적 권한을 행사할 수 있게 된다. 대통령의 부분적 거부권은 입법부 법안에 수정을 가할 수 있다는 것을 의미하므로, 국회의 의제 설정자로서의 기능을 무력화시키는 효력을 가지고 있다. 따라서 대통령의 부분적 거부권에 제한이 작을수록, 대통령 권한은 증가한다. 셋째, 대통령은 자신이 원하지 않는 입법부 법안에 대한 거부권이 국회에서 기각될 것을 예상한다면, 국회에 재의요구를 하지 않고 의회 임기가 만료될 때까지 이를 공포하지 않으면 이 법안을 폐기시킬 수 있다. 이처럼 대통령이 법안을 공포하지 않고 법안을 무작정 보유할 수 있는 권한을 보유 거부권(pocket veto)이라고 부른다.

대통령은 법률의 효력을 가지는 다양한 행정명령을 발동할 수 있다. 슈거트와 케리(Shugart and Carey 1992)는 행정명령을 특정한 절차(주로 헌법적 규정)에 따라 행정부 수반이 입법부를 "대신해서" 발의한 법의 효력을 갖는 규칙으로 정의했다. 대통령의 행정명령 권한의 정도는 국회가 이에 대해 어느 정도의 수정을 가할 수 있는가에 따라 달라진다. 첫째, 국회가 행정명령에 수정을 가할 수 있으면 대통령은 행정명령에 대한 의제 설정권을 상실한다. 둘째, 대통령이 행정명령을 발하고 의회가 이를 수정할 수 없고 승인만 할 수 있다면, 대통령은 행정명령에 대한 의제 설정자의 지위를 얻게 된다. 이 경우 대통령(행정부)은 의회가 받아들일 수 있는 입장들 중 자신이 가장 선호하는 입장을 제안할 수 있다. 셋째, 대통령이 의회가 위임하지 않은 포괄적인 영역에서 행정명령을 발할 수 있고 국회가 행정명령에 대해 수정 또는 승인 권한도 행사할 수 없다면, 대통령은 견제 없는 행정명령 권한을 행사할 수 있다.

대통령은 또한 국가의 위기 상황에 비상 권한(emergency power)을 행사할 수 있다. 일부 국가에서는 입법부에게 허용되지 않는 정책 영역에서 행정부가 독점적인 입법 권한을 행사할 수 있다. 예컨대, 우루과이 대통령이 제안한 최고가격을 의회가 낮출 수 없다. 한국에서는 행정부가 독점적인 예산 편성 권한을 가지고 있다. 마지막으로 국민투표 발의권은 국회를 우회해서 대통령 의제에 대한 정당성을 국민에게 직접 물을 수 있는 권한이다. 대통령이 국민투표를 발할 수 있는 영역에 대한 제한이 없을수록 대통령 권한은 증가한다.

슈거트와 케리는 또한 대통령의 비입법적 권한을 제시했다. 첫 번째 비입법적 권한은 내각 구성 및 해산 권한이다. 미국 대통령의 국무위원 임명은 상원의 동의를 필요로 한다. 두 번째 비입법적 권한은 의회의 내각(행정부) 해산 능력이다. 의회의 내각 해산 능력은 의회제의 특성으로, 내각의 의회 해산 권한에 대응하는 의회의 고유한 권한이다. 따라서 순수한 대통령제에서는 대통령이 의회를 해산할 권한이 없다.

⑤ 다수당이 독자적으로 내각을 구성하는가, 아니면 여러 정당이 연합정부를 구성하는가?

레이파트(Lijphart 1999)에 의하면, 의회제 국가의 정부는 네 종류로 구분할 수 있다. 첫 번째 유형은 의회에서 다수를 확보한 정당이 형성하는 일당 다수 내각(single party majority government)이다. 두 번째 유형은 최소승리 연합정부(minimal winning coalition government)이다. 최소승리 연정은 연합정부에 참가한 정당들이 의회 과반수를 확보하는 데 불필요한 정당을 포함하지 않은 연합정부이다. 예컨대, 정당 A, B, C, D, E가 각각 전체 의석의 8%, 21%, 26%, 12%, 33%를 얻었다면, 다섯 정당이 형성할 수 있는 최소승리 연정은 ABC, ADE, BCD, BE, CE이다. 이 다섯 정부에 참여한 정당들은 각각 전체 의석의 55%, 53%, 59%, 54%, 59%를 차지하므로 과반수 의석을 확보하게 된다. 세 번째 유형은 과대연정(oversized coalition government)이다. 과대연정은 과반수를 확보하는 데 불필요한 정당이 정부에 참여한 경우를 의미한다. 예컨대, 정부 ABCD가 형성될 경우, 정당 A나 D가 없어도 내각에 참여한 정당들은 의회 과반수를 확보할 수 있다. 네 번째 유형은 정부에 참여한 정당들의 의석이 의회 과반수를 확보하지 못한 경우에 형성되는 소수정부(minority government)이다.

대의 민주주의와 한국 정치제도

의회제 국가에서 정부가 법안을 통과시키기 위해서는 의회 과반수가 필요하나, 과반수를 확보하는 데 불필요한 정당이 정부에 참여하게 되면, 정당 간의 이익이 상충할 가능성이 증가하고 정부에 참여한 정당들이 얻을 수 있는 이권을 더 많은 정당과 나누어 가져야 한다. 그럼에도 불구하고 과대연정이 형성되는 이유는 무엇인가? 레이파트(Lijphart 1999)는 세 가지 이유를 제시했다. 첫째, 연정에 참여한 정당이 이탈할 경우에도 연정 참가 정당들의 의석이 과반수를 유지할 수 있도록 추가적인 정당의 정부 참여를 허락한다. 즉 과대연정은 연정 참가 정당들의 의석이 과반수를 얻지 못할 경우를 대비한 일종의 보험 장치로 볼 수 있다. 둘째, 만약 개별 정당들의 정파적인 이해관계를 뛰어넘는 국가 전체의 이익을 도모할 필요가 있는 경우, 과대연정이 형성된다. 거국내각은 모든 정당이 정부에 참여하는 과대연정의 일종이다. 셋째, 헌법 개정과 같이 초다수를 필요로 하는 경우, 과대연정이 형성될 수 있다. 예컨대, 헌법 개정을 위해 의회 의석의 3분의 2가 필요하다면, 연정 참가 정당들의 의석이 3분의 2를 초과해야 한다.

의회제 국가에서 입법은 의회 과반수 의석을 필요로 함에도 불구하고 소수정부가 형성되는 이유는 무엇인가? 레이파트(Lijphart 1999)는 세 가지 이유를 제시했다. 첫째, 정부에 참여하는 것이 다음 총선에서 더 불리하게 작동한다고 예측되는 경우, 정부에 참여하는 정당들의 의석이 과반수에 미치지 못할 수 있다. 둘째, 새로운 정부가 취임할 경우 의회 과반수의 동의를 필요로 하는 제도를 가진 국가에서는 의회 과반수를 충족시킨 정부가 형성될 가능성이 높다. 반면, 이러한 동의 절차가 없는 국가에서는 소수정부가 형성될 가능성이 높다. 셋째, 건설적 불신임제(constructive vote of no confidence)를 가진 국가에서는 대안 내각에 대한 동의가 있을 경우에만 야당이 정부에 대한 불신임을 행사할 수 있다. 그러나 만약 야당들이 지나치게 분열되어 과반수가 지지하는 대안 내각을 구성하지 못할 경우, 소수정부가 형성될 가능성이 높다.

레이파트(Lijphart 1999)는 네 종류의 정부 중 어떤 정부가 다수제 또는 합의제 모형에 더 근접한가에 대해 설명했다. 다수제 모형에 가장 가까운 정부는 일당 다수정부이다. 소수연정은 연정에 참가한 정당들뿐만 아니라 야당들의 동의를 사안마다 얻어야 하고, 과대연정은 과반수 형성에 불필요한 정당의 동의까지 얻어야 하므로, 합의제 모형과 가장 가까운 정부이다. 다수제와 합의제 모형 사이에 놓여 있는 정부는 최소승리 연정과 일당 소수정부이다. 최소승리 연정은 연정 참가 정당들의 동의를 필요로 한다. 일당 소수정부는 정부에 참여한 여러 정당의 동의는 불필요한 반면, 야당의 동의를 필요로 한다. 다수제 모형에 가장 가까운 일당 다수정부에서 거부권 행사자의 수가 최소화되고, 합의제 모형에 가장 가까운 소수연정과 과대연정에서 거부권 행사자의 수는 극대화된다.

행정부와 입법부가 서로의 생존을 의존하는 의회제와 달리, 대통령제에서는 행정부와 입법부의 생존이 서로 독립적이다. 대통령제에서는 의회 과반수가 불신임을 통해 정부를 실각시킬 수 없기 때문에, 여당은 의회제에서와 같이 의회 과반수를 확보하기 위해 야당과 연합정부를 형성할 필요가 없다. 여대야소 상황에서 형성되는 단점정부는 의회제의 일당 다수정부와 유사하며, 여소야대 상황에서 형성되는 분점정부는 일당 소수정부와 유사하다. 따라서 단점정부에서는 거부권 행사자의 수가 감소하고 분점정부에서는 거부권 행사자의 수가 증가한다.

대통령제에서 거부권 행사자의 수는 입법규칙에 따라 달라진다. 다수결 입법규칙에 비해 초다수결 입법규칙은 소수정당의 견제 능력을 증진시킨다. 예컨대, 입법을 위해 의회 의석의 5분의 3을 필요로 하는 경우, 과반수를 확보한 여당도 5분의 3을 초과하는 의석을 얻지 못하면 입법적 교착이 발생한다. 따라서 더 많은 다수를 필요로 하는 입법규칙은 거부권 행사자의 수를 증가시킨다. 대통령 선거와 의회 선거의 일정 역시 거부권 행사자의 수에 영향을 미친다. 두 선거가 동시에 치러질 경우 단점정부가 형성될 가능성이 높기 때문에 거부권 행사자의 수는 감소한다. 반면 두 선거의 일정이 서로 다를수록 분점정부가 형성될 가능성이 크고 거부권 행사자의 수는 증가한다.

⑥ 의회의 원구성 제도는 어떠한가?

의회의 원구성 제도는 거부권 행사자의 수에 영향을 미친다. 다수제 모형에 해당하는 단원제 국가에서는 하원이 독점적 입법 권한을 가지는 반면, 합의제 모형에 해당하는 양원제 국가에서는 상하원이 권력을 분점한다. 따라서 단원제에 비해 양원제에서 거부권 행사자의 수는 증가한다.

양원제에서 하원은 다수 여론의 변화를 반영하는 기능을 하는 반면, 상원은 다수 여론을 견제하는 기능을 한다. 미국에서 2년마다 치러지는 하원 선거에서는 선거 당시의 여론을 반영하기 위해 전체 의원을 다시 선발하는 반면, 상원 선거에서는 2년마다 상원 의원의 3분의 1만 다시 선발한다. 이럴 경우, 상원의 3분의 1은 4년 전에 치러진 선거 당시의 여론을 반영하며, 나머지 3분의 1은 2년 전에 치러진 선거 당시의 여론을 반영한다. 따라서 현재 치러진 상원 선거 당시 형성된 여론은 2년 전과 4년 전에 형성된 여론에 의해 견제를 받게 된다. 이처럼 복잡한 상하원 선거제도를 채택한 이유는 한 시점에서 형성된 여론이 불합리적일 가능성에 대비해서 여러 시점에서 형성된 여론이 서로 견제할 수 있도록 하기 위함이다.

레이파트(Lijphart 1999)는 양원제를 대칭성(symmetry)과 조응성(congruence)에 따라 분류했다. 대칭적 양원제에서는 상하원의 헌법적 권한이 동등하고 상하원 의원 모두 유권자가 직접 선발한다. 미국, 호주, 독일, 이탈리아가 대칭적 양원제를 채택했다. 비대칭적 양원제에서는 상원의 헌법적 권한이 하원보다 약하거나 상원 의원을 간접선거로 선출하거나 임명한다. 일본, 스페인, 인도, 오스트리아가 비대칭적 양원제를 채택했다. 조응적 양원제에서는 상하원의 선거 방식이 서로 동일하며, 네덜란드, 이탈리아, 벨기에가 이 제도를 채택했다. 비조응적 양원제에서는 상하원의 선거 방식이 서로 다르거나, 인구 비례로 상원 의원을 선발하지 않고 소수 주를 보호하기 위한 의원 선발을 한다. 예컨대 2021년 당시 미국 캘리포니아(California) 주의 상원 의원 1인에 해당하는 주민의 수가 거의 2천만 명에 달하는 반면, 와이오밍(Wyoming) 주의 상원 1인에 해당하는 주민의 수는 29만 명에 불과하다.

⑦ 위헌심사 기관이 얼마나 독립적인가?

사법부의 독립성이 보장될수록 거부권 행사자의 수가 증가한다. 사법부 독립성은 헌법 개정의 용이성과 위헌심사 권한에 따라 달라진다(Lijphart 1999). 성문헌법을 채택한 국가는 합의제 모형에 해당하고, 불문헌법을 채택한 국가는 다수제 모형에 해당한다. 성문헌법은 헌법이 명문으로 존재하는 헌법이며, 대부분의 민주주의 국가들은 성문헌법을 채택하고 있다. 불문헌법은 성문헌법이 없이 일반법 등에 헌법 사항이 규정되어 있는 헌법이며 불문헌법에는 관습헌법도 포함된다. 불문헌법을 채택한 국가에서는 의회 다수가 헌법적인 결정을 한다.

경성헌법은 헌법의 개정에 있어 초다수의 동의 또는 (그리고) 국민투표 등을 요구하는 헌법이고, 연성헌법은 그 개정 과정이 일반법과 동일하다. 레이파트(Lijphart 1999)는 헌법 개정의 난이도에 따라 민주주의 국가들의 헌법 개정 절차를 네 단계로 분류했다. 헌법 개정 절차가 까다로울수록 거부권 행사자의 수는 증가한다. 가장 용이한 헌법 개정 절차는 의회 다수의 동의를 필요로 하는 경우이다. 영국, 뉴질랜드, 아이슬란드와 이스라엘이 이와 같은 개정 절차를 채택했다. 두 번째로 까다로운 개정 절차는 의회 과반수 조건보다 까다롭지만 의회 3분의 2의 동의에 못 미치는 초다수를 필요로 하는 경우이다. 의회 5분의 3의 동의가 필요한 경우 또는 의회 과반수 및 국민투표를 요구하는 경우가 이에 포함된다. 예컨대, 이탈리아 헌법 개정은 양원의 5분의 3의 동의 또는 양원의 절대 다수의 동의와 국민투표를 필요로 한다. 세 번째로 까다로운 개정 절차는 가장 일반적인 경우로 의회 3분의 2의 동의를 요구한다. 가장 까다로운 개정 절차는 의회 3분의 2의 동의보다 더 까다로운 조건을 요구하는 경우이다. 예컨대, 미국에서는 연방의회 3분의 2 이상 또는 50개의 주정부들의 주의원들이 모인 헌법제정회의 3분의 2 이상이 찬성해야 수정안을 발의할 수 있고, 50개의 주정부의 4분의 3에 해당하는 38개의 주정부가 찬성해야만 연방헌법을 개정할 수 있다.

사법부가 다수의 결정에 대한 위헌심사를 할 수 있는 국가에서는 소수의 영향력이 증가한다. 따라서 위헌심사 권한을 가진 독립적인 사법부가 있는 국가에서는 거부권 행사자의 수가 증가한다. 미국의 경우, 위헌심사를 하는 대법관을 대통령이 상원의 동의를 얻어 임명하며 대법관의 임기는 종신이다. 대법관의 임기가 길어질수록 사법부의 독립성은 증가한다. 왜냐하면 대법관의 임기가 길어질수록 현직 대통령은 전임 대통령이 임명한 대법관을 자신의 정치적 성향과 비슷한 대법관들로 교체하기 어렵기 때문이다. 미국의 현직 대통령은 9명의 대법관 중 평균적으로 2명 정도를 임명해 왔으며 전임 대통령들이 나머지 7명을 임명해왔다.

⑧ 권력이 중앙정부에 집중되어 있는가, 아니면 중앙정부와 지방정부에 분산되어 있는가?

중앙-지방정부 관계는 크게 연방제와 단방제로 구분할 수 있다. 거부권 행사자의 수는 합의제 모형에 해당하는 연방제 국가에서 증가하는 반면, 다수제 모형에 해당하는 단방제 국가에서는 감소한다. 연방제를 채택한 미국의 경우, 연방정부와 지방정부의 독점적인 관할권이 헌법에 명시되어 있다. 대외정책, 국가 방위, 화폐발행, 주 간 또는 국가 간 무역, 수출입 과세, 국가 간 조약 체결, 우편 체계 관리에 관한 권한은 연방정부에 속해있다. 반면, 선거운영, 주 내부의 무역 규제, 주정부 및 지방정부의 구성, 공공의 건강 및 안전에 관한 권한은 주정부에 속해 있다. 레이파트(Lijphart 1999)는 중앙-지방정부 관계를 분권화의 정도에 따라 조작화했다. 분권화는 중앙정부가 하위정부나 사적(private) 단체 또는 준공공적(semi-public) 단체에 권한을 위임한 정도를 말한다. 레이파트는 호주, 스위스, 캐나다, 미국, 독일을 연방제를 채택하면서 분권화된 국가로 분류했으며, 영국, 뉴질랜드, 아일랜드, 아이슬란드, 그리스 등을 단방제를 채택하면서 중앙 집중적인 국가로 분류했다.

⑨ 중앙은행은 행정부로부터 독립적인가?

중앙은행의 독립성 정도는 거부권 행사자의 수에 영향을 미친다. 레이파트(Lijphart 1999)에 의하면, 중앙은행이 행정부로부터 독립적이면 합의제 모형에 해당하고 의존적이면 다수제 모형에 해당한다. 독립적인 중앙은행의 전형적인 예는 미국의 연방준비제도 이사회 (Federal Reserve Board)이다. 헌법적 독립기관인 FRB의 이사는 국회 상원의 인준을 통해 대통령이 임명하고 14년의 임기를 가진다. FRB 는 통화정책·금융감독·지급결제 제도와 관련된 광범위한 권한을 가지고 있다. 미국과 같이 독립적인 중앙은행을 가진 국가에서 거부권 행사자의 수는 증가한다.

⑩ 이익집단은 스스로 각자의 이익을 대변하는가, 아니면 자신들을 대표하는 정상조직을 통해 국가와 이해관계를 조정하는가?

레이파트(Lijphart 1999)는 이익집단 체제를 다원주의(pluralism)와 조합주의(corporatism) 체제로 구분했다. 전자는 다수제 모형에 해당하는 반면 후자는 합의제 모형에 해당한다. 다원주의 체제에서는 독립적인 이익집단들이 조정되지 않은(uncoordinated) 경쟁을 하는 반면, 조합주의 체제에서는 이익집단 간의 이해 조정과 타협을 중시한다. 쉬미터(Schmitter 1982)에 의하면, 조합주의는 다음과 같은 네 요소를 가진 이익집단 체제이다. 첫째, 다원주의 체제에 비해서 이익집단의 규모는 상대적으로 크지만 수는 적다. 둘째, 서로 비슷한 이익집단들의 이해를 정상조직을 통해 상호 조정하고 일원화 시켜야한다. 셋째, 서로 갈등 관계에 있는 노사를 각각 대표하는 정상조직이 정기적으로 서로의 이해를 조율하거나 국가의 중재를 통해 협의한다. 넷째, 세 협상 당사자들은 법적 구속력이 있는 포괄적인 합의, 즉 노사정(tripartite) 협정을 도출한다. 이러한 제도적 요소를 가진 국가는 이익단체 경쟁에서 소수를 보호할 수 있으므로, 거부권 행사자의 수가 증가할 수 있다.

정치연구총서 01

3장
한국의 정치제도

선거제도

　　한국은 13대 총선부터 16대 총선까지 1인 1표 병립형 선거제도를 채택했다. 이 제도는 소선거구의 결과를 기준으로 전국구 의석을 배분했다. 13대와 14대 총선부터는 지역구 선거에서 각 정당이 얻은 의석율을 기준으로 전국구 의석을 배분했다. 지역구에서는 큰 정당 후보가 승리할 가능성이 크므로 의석을 얻지 못한 군소정당 후보가 얻은 표는 사표가 된다. 따라서 비례대표 의석을 득표율로 배분할 때보다 의석율로 배분하면 큰 정당에 유리하다. 뿐만 아니라, 13대 총선에서는 과반수를 확보하지 못한 다수당에 전국구 의석의 절반을 배분했다.

　　15대 총선부터는 의석율 대신 득표율을 기준으로 전국구 의석을 배분해서 불비례성을 개선하려 했다. 그러나 새로운 선거제도는 유권자가 지역구에서 후보에게 1표를 행사하고, 각 정당 후보들이 얻은 표를 합산해서 정당 득표율을 계산했다. 이러한 방식은 군소정당에 불리하게 작동한다. 지역구 선거에서 유권자들은 사표 방지 심리 때문에 작은 정당에 행사할 표를 큰 정당에 대신 행사한다. 이러한 전략적 투표 심리 때문에 새로운 선거제도는 여전히 작은 정당에 불리하게 작동했다. 따라서 지역구 후보의 득표를 합산한 정당 득표율에 따라 비례대표 의석을 배분하는 의석 배분 방식은 의석율을 기준으로 배분하는 방식에 비해 군소정당에 크게 더 유리한 결과를 초래하지 않았다.

이러한 문제점이 제기되면서, 17대 총선부터 1인 2표 병립형 선거제도를 채택했다. 이 제도에서 유권자들은 1표를 지역구 후보에 행사하고 1표는 정당에 행사한다. 이 제도에서 비례대표 의석은 정당 득표율에 비례해서 배분하므로, 유권자들은 작은 정당 대신 큰 정당을 지지하는 전략적 투표를 할 필요가 없다. 따라서 이 선거제도는 1인 1표 병립형 선거제도에 비해서 더 비례적으로 비례대표 의석을 배분하는 효과가 있다. 일부 유권자들은 2표 중 1표는 당선 가능한 지역구 후보에게 투표하고 1표는 작은 정당에 행사하기도 했다. 새로운 선거제도는 또한 기존의 봉쇄조항(5석 이상 또는 5% 이상)을 5석 이상 또는 3% 이상의 득표율로 낮추어 군소정당의 의석 확보 가능성을 약간 증진시켰다.

민주화 이후 한국 국회의원 선거제도 변화

선거 년 (총선)	소선거구 의석 수 (비율)	전국구				
		의석 수 (비율)	봉쇄조항	배분기준 (배분방식)	선거제도 (특이 사항)	
1988 (13대)	224석 (74.9%)	75석 (25.1%)	5석	의석율 (Hare)	과반수 확보 실패 다수당에 비례대표 의석의 50% 배분	
1992 (14대)	236석 (79.2%)	62석 (20.8%)	5석	의석율 (Hare)	3% 이상 득표 정당에 비례대표 의석 1석 배분	
1996 (15대)	253석 (84.6%)	46석 (15.4%)	5석 또는 5% 득표율	지역구 후보 득표의 합 (Hare)	1인 1표 병립형: 3%~5% 득표 정당에 비례대표 의석 1석 배분	
2000 (16대)	227석 (83.2%)	46석 (16.8%)				
2004 (17대)	243석 (81.3%)	56석 (18.7%)	5석 또는 3% 득표율	전국 정당 득표율 (Hare)	1인 2표 병립형	
2008 (18대)	246석 (82.0%)	54석 (18.0%)				
2012 (19대)	245석 (81.9%)	54석 (18.1%)				
2016 (20대)	252석 (84.3%)	47석 (15.7%)				
2020 (21대)	253석 (84.3%)	47석 (15.7%)	3% 득표율		준연동형: 47석의 비례대표 의석에 50%의 연동률 적용	

출처: 중앙선거관리위원회 및 국회법

그러나 15대 총선 이후 비례대표 의석이 전체 의석에서 차지하는 비율은 20%를 넘기지 못했다. 17대 총선에서 18.7%를 차지하던 비례대표 의석의 비율은 점점 줄어들어 20대 총선에서는 15.7%까지 줄어들었다. 이처럼 비례대표 의석이 전체 의석의 20%에도 못 미치기 때문에, 1인 2표 병립형 선거제도는 거의 단순다수제와 유사한 의석 배분 결과를 초래한다. 예컨대, 17대 총선에서 12.9%를 득표

대의 민주주의와 한국 정치제도

한 민주노동당에게 비례적으로 의석을 배분했다면 민주노동당은 38~39석을 가져가야 하나 1인 2표 병립형 선거제도에서 10석만 얻을 수 있었다. 따라서 1인 2표 병립형 선거제도는 군소정당이 얻은 득표율에 비해 훨씬 적은 수의 의석을 배분한다.

병립형 선거제도가 양당 지배체제를 고착화시킨다는 비판이 제기되면서, 선거제도 개혁의 필요성이 또 다시 대두되었다. 특히 정의당과 같은 군소정당들은 독일의 연동형 선거제도와 같은 비례성이 높은 제도를 도입할 것을 지속적으로 요구해왔다. 2019년 12월 27일에 민주당과 군소정당(바른미래당 당권파, 정의당, 민주평화당 및 대안신당)은 4+1 연합체를 구성해서 "준연동형" 선거법 개정안을 통과시켰다. 이 제도는 비례대표 의석을 연동형 의석과 병립형 의석으로 구분하고, 21대 총선에 한해 연동형 의석을 30석으로 제한하는 "30석 캡" 조항을 가지고 있다. 22대 총선부터는 30석 캡 조항을 삭제하기로 했다.

다음과 같은 예는 "30석 캡" 조항이 어떻게 작동하는가를 보여준다. 두 주요 정당 A와 B의 정당득표율은 각각 35%이고, 군소정당 C가 12%를 얻고, 군소정당 D, E, F가 각각 6%를 얻었다고 가정하자. 지역구에서는 정당 A와 B가 각각 130곳과 123곳에서 승리했고, 군소정당들은 한 석도 얻지 못했다고 가정하자. (준)연동형 선거제도에서는 정당 득표율에 따라 전체 의석을 배분한다면, 각 정당이 몇 석을 가져갈 자격이 있는가를 먼저 계산한다. 전체 의석 300석에 각 정당의 정당 득표율을 곱하면, 정당 A와 B는 각각 105석,

정당 C는 36석, 정당 D, E, F는 각각 18석을 가져갈 자격이 생긴다.

그러나 정당 A와 B는 지역구에서 이미 130석과 123석을 얻었기 때문에 지역구에서 확보한 의석 수가 득표율에 비례한 의석 수인 105석을 넘겨버렸다. (준)연동형 제도에서는 득표율에 비례한 의석 수보다 더 많은 지역구 의석을 얻은 정당이 추가로 얻은 지역구 의석을 반납하지 않는다. 연동형 제도와 준연동형 제도는 비례대표 의석을 배분하는 과정에서 차이가 발생한다. 연동형 제도에서는 정당 A와 B가 비례대표 의석을 한 석도 얻지 못하고, 나머지 정당들이 이를 나누어 갖는다. 반면 준연동형 제도에서는 비례대표 의석을 연동형과 병립형으로 구분하고, 정당 A와 B와 같이 득표율에 비례한 의석 수보다 더 많은 지역구 의석을 얻을 정당에 30석의 연동형 의석을 배분하지 않지만, 17석의 병립형 의석을 정당 득표율에 의해 배분한다.

정당 C, D, E, F는 연동형 의석 30석을 다음과 같은 방식으로 나누어 갖는다. 먼저 각 정당의 득표율에 300석을 곱한 값에 지역구 의석 수를 차감한 후, 이를 반으로 나눈다. 이 단계에서 정당 C는 18석을 얻고, 세 정당 D, E, F는 각각 9석을 배분 받을 자격이 생긴다. 연동형 선거제도에서는 이와 같이 45석의 비례대표 의석을 모두 배분하는 반면, 연동형 30석 캡 조항은 이 단계에서 배분되어야 할 연동형 의석을 30석으로 제한한다. 따라서 각 정당은 자신이 가져갈 의석의 66.67%(30석/45석)만 가져갈 수 있다. 각 정당의 의석 수에 66.67%를 곱하면, 정당 C는 12석을 가져가고 정당 D, E, F는 각

대의 민주주의와 한국 정치제도

각 6석씩 총 18석을 가져가게 된다. 이 단계에서 30석의 연동형 의석 배분이 완료된다.

다음 단계에서 남은 17석의 병립형 의석을 배분한다. 병립형 의석은 정당 A와 B도 가져갈 수 있다. 17석에 각 정당이 얻은 정당 득표율을 계산하면, 정당 A와 B는 각각 6석, 정당 C는 2석, 정당 D, E, F는 각각 1석을 가져갈 수 있다. 마지막 단계에서 각 정당이 얻은 지역구 의석, 연동형 의석, 병립형 의석을 모두 합하면, 정당 A, B, C는 각각 136석, 129석, 14석을 얻고, 정당 D, E, F는 각각 7석씩 얻는다.

이처럼 복잡한 의석 배분 방식을 채택한 이유는 연동형 방식으로 비례대표 의석을 모두 배분하게 되면, 지역구에서 강한 정당이 비례대표 의석을 한 석도 못 얻을 수 있기 때문이다. 전술한 예에서 정당 A와 B가 승리한 지역구 수가 비례적으로 배분받아야 할 의석 수를 초과했기 때문에, 연동형 의석을 한 석도 얻지 못하게 된다. 따라서 지역구에서 강한 정당도 비례대표 의석을 얻을 수 있도록 병립형 의석이라는 이름으로 일정량의 비례대표 의석을 남겨 놓은 것이다.

준연동형 선거제도는 병립형 선거제도에 비해 군소정당들의 의석 수를 증가시키는 효과가 있다. 전술한 예에서 병립형 제도로 의석을 배분했다면, 정당 C는 6석을 얻고 정당 D, E, F는 각각 3석만 얻는다. 따라서 군소정당은 병립형 제도에 비해 준연동형 제도에서 두 배 이상의 의석을 얻을 수 있다. 그러나 군소정당은 연동형 제도에 비해 준연동형 제도에서 절반에도 못 미치는 의석을 얻는다. 전술한 예에서 연동형 제도로 의석을 배분했다면, 정당 C는 36석을 얻고 정당 D, E, F는 각각 18석을 얻는다. 따라서 준연동형 선거제도는 병립형 선거제도와 연동형 선거제도의 중간 정도의 의석을 군소정당에 배분한다. 이러한 이유 때문에, 준연동형 제도는 병립형을 유지하기를 원하는 민주당과 연동형을 원하는 군소정당들의 타협안으로 채택될 수 있었다.

그러나 21대 총선에서 민주당과 미래통합당이 위성정당을 만들었기 때문에 군소정당들은 준연동형 제도에서 기대했던 의석을 얻을 수 없었다. 군소정당들은 결국 병립형 제도에서 얻었을 의석과 마찬가지의 의석을 얻었다. 민주당과 미래통합당이 위성정당을 만든 이유는 (준)연동형 제도가 위성정당이 출현할 수밖에 없는 제도적 특성을 가지고 있기 때문이다. (준)연동형 선거제도에서는 정당 득표율을 기준으로 각 정당이 가져갈 자격이 있는 의석을 우선 결정한다. 예컨대 지역구 의석 수가 250석이고 비례대표 의석 수가 50석인 국가에서 정당 A, B, C, D가 각각 40%, 40%, 10%, 10%를 득표했으면 이들은 각각 120석, 120석, 30석, 30석을 가져갈 자격이 생긴다.

정당 A와 B가 각각 지역구 의석의 절반(125석)을 얻었다고 가정하면, 정당 A와 B는 정당 득표율과 비례하는 120석보다 더 많은 125석을 지역구에서 이미 확보하게 된다. 이럴 경우, (준)연동형 선거제도에서는 지역구 의석을 보전해준다. 따라서 두 정당은 자신이 가져갈 자격이 있는 의석 수(120석)를 5석 초과하는 125석을 얻는다.

그러나 지역구 경쟁력이 강한 정당 A와 B는 자신들이 가져갈 자격이 있는 의석 120석 이상을 이미 지역구에서 확보했으므로 비례대표 의석을 한 석도 못 얻게 된다. 이처럼 (준)연동형 선거제도에서는 지역구 경쟁력이 강한 정당이 비례대표 의석을 한 석도 못 얻을 수 있다. 그러나 정당 A와 B가 위성정당을 만들어 지역구 후보를 내지 않으면, 두 정당은 위성정당의 득표율만큼 비례대표 의석을 얻을 수 있다.

정당체제

       다음 그래프는 1대 총선부터 21대 총선까지의 실효 선거정당의 수(ENEP)와 실효 의회 정당의 수(ENPP)의 변화를 보여준다. 민주화 이후 한국의 ENEP와 ENPP의 평균값은 각각 3.3과 2.4로 계산된다. 파웰(Powell 2000)이 분석한 23개 국가들 중 다수제 국가들의 ENEP와 ENPP의 평균값들은 각각 3.3과 2.4이고, 비례제 국가들의 평균값들은 각각 5.0과 4.5이다. 따라서 한국의 정당체제는 다수제 국가들과 거의 유사하다고 볼 수 있다. 이 그래프는 민주화 이후 ENPP가 등락을 반복하면서 조금씩 감소하는 패턴을 보여준다. 이러한 관찰 결과가 의미하는 바는 선거제도의 비례성을 증진시키기 위한 여러 차례의 선거제도 개혁이 군소정당의 의회 진입을 촉진시키는 데 효과를 발휘하지 않았다는 것을 의미한다.

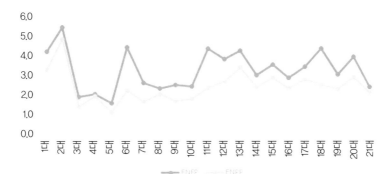

한국 정당체제의 변화

출처: 중앙선거관리위원회

이처럼 양당 중심의 정당체제가 유지되는 가장 중요한 이유는 한국의 선거제도에서 지역구 의석이 전체 의석의 80%이상을 차지하기 때문이다. 단순다수제는 불비례적인 선거결과를 초래해서 군소정당의 의회 진입을 억제한다. 98페이지의 그래프는 1대 총선부터 21대 총선까지의 갤러거 지수(GI)로 측정된 불비례성의 변화를 보여준다. 여기에서 민주화 이전에 불비례성이 매우 크게 나타나는 이유는 제1당에게 전국구의 의석의 50% 또는 그 이상을 배분하는 기형적인 제도를 채택했기 때문이다. 민주화 이후 이러한 제도가 없어지면서 불비례성이 대폭 감소했으나, 이후 GI 값이 네 번의 선거에서 10.0을 상회하고 있고 점점 증가하는 추세에 있다. 한국 선거제도의 GI 값과 소선거구를 채택한 다른 국가들의 GI 값을 서로 비교해보면, 한국의 선거제도가 다수제 공식과 비례제 공식 중 어디에

더 가까운가를 알 수 있다. 민주화 이후, 한국의 GI 평균값은 12.2
이다. 파월이 분석한 23개 국가들 중 다수제 국가로 분류된 여섯 국
가들의 GI 평균값은 12.2이다. 비례제 국가들의 GI 평균값이 2.4에
불과하다는 사실을 감안할 때, 한국의 선거제도는 다수제 공식에
가깝다고 할 수 있다.

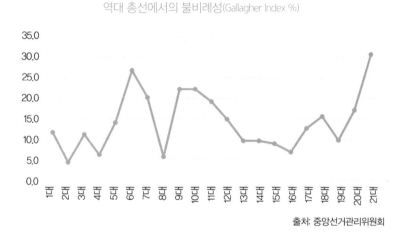

역대 총선에서의 불비례성(Gallagher Index %)

출처: 중앙선거관리위원회

17대 총선부터 비례대표 의석 배분 방식이나 봉쇄조항과 같은
세부 요소들을 개정했음에도 불구하고, 위의 그래프는 불비례성
이 오히려 증가하고 있다는 사실을 보여준다. 이러한 이유는 지역
구 선거에서 초래된 불비례성이 크게 증가했기 때문이다. 주요 정당
이 정당 득표율에 비해 지역구에서 더 많은 의석을 얻는 경우, 불비
례성은 크게 증가한다. 예컨대, 17대 총선에서 열린우리당은 38.0%

대의 민주주의와 한국 정치제도

를 득표했으나 지역구 의석의 53.5%를 얻었고, 18대 총선에서 한나라당은 37.5%를 득표했으나 지역구 의석의 59.5%를 얻었다. 더불어민주당은 20대 총선에서 25.5%를 득표했으나 지역구 의석의 43.5%를 얻었고, 21대 총선에서는 33.4%를 득표했으나 지역구 의석의 64.4%를 얻었다. 17대 총선 이후 나타난 불비례성의 증가가 대부분 지역구 선거에 초래된 불비례적인 결과 때문이라는 사실은 한국 선거제도의 불비례성의 제도적 기원이 비례대표 의석 배분방식이나 선거진입 장벽 같은 세부 요소 때문이 아니라는 사실을 의미한다. 지역구 의석이 전체 의석의 80% 이상을 차지하는 단순다수제 위주의 선거공식이 유지되는 한, 양당 지배 체제는 지속될 가능성이 높다.

관계
행정부-입법부

　　한국은 대통령제를 채택하고 있기 때문에 행정부와 입법부의 기원과 생존이 서로 독립적이다. 국민이 총선을 통해 입법부를 구성하고 대통령을 직접 선발한다. 대통령은 국회를 해산할 수 없으며, 국회는 행정부를 실각시킬 수 없다. 그러나 한국 대통령제는 행정부의 입법 권한에 있어서 다양한 의회제적 요소를 가지고 있다. 법안 발의권을 의회가 가지고 있는 미국식 순수한 대통령제와 달리, 한국에서는 입법부뿐만 아니라 행정부도 법안을 발의할 수 있고, 행정부가 독점적인 예산편성권을 행사한다. 한국에서는 입법부가 정부안을 수정할 수 있는 반면, 행정부가 입법부가 발의한 법안을 수정할 수 없고 대통령을 이를 수용하거나 거부권을 행사해야 한다. 따라서 제도적으로 보면, 한국에서 입법적인 의제설정 권

대의 민주주의와 한국 정치제도

한은 입법부에 놓여 있다. 그러나 한국의 대통령제는 여대야소의 상황에서 미국의 순수한 대통령제보다 의회제와 더 유사할 수 있다. 여대야소 국회에서 대통령이 다수 여당을 장악하면, 대통령의 의중이 담긴 정부안에 대해 다수 여당이 수정을 가하기 어렵다. 이럴 경우, 한국에서의 입법은 행정부 안을 다수 여당이 승인하는 의회에서와 같이 이루어진다.

대통령 권한

    2장에서 살펴본 바와 같이, 슈거트와 케리(Shugart and Carey 1992)는 대통령의 권한을 입법적 권한과 비입법적 권한으로 구분한 후 이러한 권한들을 계량화할 수 있는 지표를 마련했다. 대통령의 입법적 권한에는 수동적 입법 권한이라고 불리는 세 종류의 거부권, 즉 총체적 거부권, 부분적 거부권, 보유 거부권이 있다. 그 밖에도 행정명령, 행정부의 독점적 입법 권한, 국민투표 발의권이 입법적 권한에 포함된다. 비입법적 권한에는 대통령이 내각을 구성하고 해산할 수 있는 권한과 의회를 해산할 수 있는 권한, 그리고 의회가 내각(행정부)을 해산할 수 있는 능력을 포함한다.

    한국 헌법은 제53조에서 대통령 거부권에 대한 내용들을 담고 있다. 제53조 제2항과 제4항은 각각 총체적 거부권과 재의요구 조건을 명시하고 있다. 제2항에서 대통령은 "법률안에 이의가 있을 때에는 이의서를 붙여 국회로 환부하고, 그 재의를 요구할 수 있다"라고 되어 있다. 제4항에서는 "재의의 요구가 있을 때에는 국회는 재의에 붙이고, 재적의원 과반수의 출석과 출석의원 3분의 2 이상의 찬성으로 전과 같은 의결을 하면 그 법률안은 법률로서 확정된다"라고 한다. 총체적 거부권에 대한 한국 대통령의 권한은 슈거트와 케리(Shugart and Carey 1992)의 측정 방법에 의하면 4점 만점에 2점에 해당한다.

제53조 제3항은 한국 대통령의 부분적 거부권에 대해 명시하고 있다. 제3항에서 "대통령은 법률안의 일부에 대하여 또는 법률안을 수정하여 재의를 요구할 수 없다"라고 되어 있다. 한국 대통령의 권한은 슈거트와 케리(Shugart and Carey 1992)의 측정방법에 의하면 0점에 해당한다. 제53조 제5항과 제6항은 보유 거부권에 대해 명시하고 있다. 제5항은 국회에서 의결된 법률안이 정부에 이송된 후 15일 이내에 대통령이 "공포나 재의의 요구를 하지 아니한 때에도 그 법률안은 법률로서 확정된다"라고 한다. 제6항은 "제5항에 의하여 법률이 확정된 후 또는 제4항에 의한 확정법률이 정부에 이송된 후 5일 이내에 대통령이 공포하지 아니할 때에는 국회의장이 이를 공포한다"라고 되어 있다. 따라서 한국의 대통령은 보유 거부권이 없다고 볼 수 있다.

한국 대통령은 법률적 효력을 가지는 다양한 입법적 권한을 가지고 있다. 그러나 현행 헌법은 권위주의 시대에 남용되었던 행정명령의 행사를 제한하기 위한 구체적인 조항들을 마련했다. 헌법 제75조에 의하면, "대통령은 법률에서 구체적으로 범위를 정하여 위임받은 사항과 법률을 집행하기 위하여 필요한 사항"에 대해서만 행정명령을 발할 수 있다(헌법 제75조). 헌법 제76조 제1항에서 대통령은 "국가의 안전보장 또는 공공의 안녕질서를 유지하기 위하여 긴급한 조치가 필요하고 국회의 집회를 기다릴 여유가 없을 때에 한하여 최소한으로 필요한 재정·경제상의 처분을 하거나 이에 관하여 법률의 효력을 가지는 명령을 발할 수 있다"라고 한다. 헌법 제76조 제2항은 "대통령은 국가의 안위에 관계되는 중대한 교전 상태에 있어서 국가를 보위하기 위하여 긴급한 조치가 필요하고 국회의 집회가 불가능한 때에 한하여 법률의 효력을 가지는 명령을 발할 수 있다"라고 되어 있다. 헌법 제76조 제3항과 제4항에 의하면, "대통령은 제1항과 제2항의 처분 또는 명령을 한 때에는 지체 없이 국회에 보고하여 그 승인을 얻어야" 하며, "제3항의 승인을 얻지 못한 때에는 그 처분 또는 명령은 그때부터 효력을 상실한다"라고 한다. 이처럼 제한적인 행정명령 발동 권한은 슈거트와 케리(Shugart and Carey 1992) 지표의 1점에 해당된다.

한국 대통령은 또한 국가가 위기에 처하면 시민의 자유를 제한할 수 있는 비상 권한을 행사할 수 있다. 제77조 제1항에서는 "대통령은 전시·사변 또는 이에 준하는 국가비상사태에 있어서 병력으로써 군사상의 필요에 응하거나 공공의 안녕질서를 유지할 필요가 있을 때에는 법률이 정하는 바에 의하여 계엄을 선포할 수 있다"라고

대의 민주주의와 한국 정치제도

한다. 그러나 제77조 제4항과 제5항은 대통령의 비상 권한을 엄격하게 제한했다. 제4항에서는 "계엄을 선포한 때에는 대통령은 지체 없이 국회에 통고하여야 한다"라고 되어 있다. 제5항에서는 "국회가 재적의원 과반수의 찬성으로 계엄의 해제를 요구한 때에는 대통령은 이를 해제하여야 한다"라고 되어 있다.

순수한 대통령제와 달리 한국에서는 '지갑의 힘'(power of the purse)이라 불리는 예산 편성권을 행정부가 가지고 있다. 헌법 제54조 2항에 의하면, 한국 "정부는 예산안을 편성하여 회계연도 개시 90일 전까지 국회에 제출하고, 국회는 회계연도 개시 30일 전까지 이를 의결"해야 한다. 헌법 제57조는 "정부의 동의 없이 정부가 제출한 지출예산 각 항의 금액을 증가하거나 새 비목을 설치할 수 없다"라고 한다. 독점적인 예산 편성 권한이 행정부에게 주어졌다는 사실은 행정부 또는 이를 지배하는 대통령이 예산 편성에 대한 의제 설정권을 가지고 있다는 것을 의미한다. 뿐만 아니라, 행정부의 독점적인 예산 편성 권한은 자신의 지역구에 예산을 배분받고 싶어 하는 국회의원들을 통제할 수 있는 대통령의 중요한 자산이 될 수 있다. 한국 대통령의 이러한 권한은 슈거트와 케리(Shugart and Carey 1992) 지표의 4점에 해당한다.

마지막으로 국민투표 발의권은 국회를 우회해서 대통령 의제에 대한 정당성을 국민에게 직접 물을 수 있는 권한이므로, 이에 대한 제한이 없을수록 대통령 권한은 증가한다. 현행 헌법은 권위주의 시대에 남용되었던 국민투표 발의권을 제한하기 위한 내용을 구체적으로 명시했다. 헌법 제72조에 의하면, 대통령은 "외교·국방·통일 기타 국가안위에 관한 중요정책"만 국민투표를 발의할 수 있다(헌법 제72조). 슈거트와 케리(Shugart and Carey 1992)는 제한적인 국민투표 발의권에 2점을 부여했다.

슈거트와 케리(Shugart and Carey 1992)가 제시한 대통령의 비입법 적 권한 중 가장 중요한 권한은 내각 구성 및 해산 권한이다. 한국 대통령은 국무위원의 임면권을 가지고 있다. 헌법 제86조 제1항에 의하면, "국무총리는 국회의 동의를 얻어 대통령이 임명"하는 반면, 국무위원의 임명은 국회의 동의를 필요로 하지 않는다. 헌법 제87 조 제1항에 의하면, "국무위원은 국무총리의 제청으로 대통령이 임 명"하나 국무총리의 제청권은 실질적인 효력을 발휘하기 어렵다. 슈 거트와 케리는 대통령의 내각구성 권한을 측정할 때, 총리 임명에 국회 동의가 필요 없는 경우 4점, 국무위원 임명에 국회 동의가 필 요한 경우 3점을 부여했다. 한국 대통령은 총리 임명에는 국회 동 의가 필요하고, 국무위원 임명에는 국회 동의가 필요 없으므로, 3.5 점 정도를 부여했다. 한국 대통령이 국무위원을 해임하는 데 제도적 제약이 없으므로, 슈거트와 케리의 측정법에 따라 한국 대통령의 내 각 해산 권한을 4점으로 측정했다.

슈거트와 케리(Shugart and Carey 1992)는 또한 의회의 행정부(내각) 해산 권한과 대통령의 의회 해산 권한을 대통령의 비입법적 권한으 로 제시했다. 의회제에서는 행정부가 의회를 해산시킬 수 있으므로, 이에 대응해서 의회는 내각을 실각시킬 수 있다. 그러나 대통령제를

대의 민주주의와 한국 정치제도

채택한 한국에서는 국회와 행정부의 존속이 서로 독립적이다. 따라서 국회가 행정부를 해산시킬 수 없으며, 행정부도 국회를 해산할 수 없다. 헌법 제63조 제1항에서는 "국회는 국무총리 또는 국무위원의 해임을 대통령에게 건의할 수 있다"라고 한다. 제2항에 의하면, "해임 건의는 국회재적의원 3분의 1 이상의 발의에 의하여 국회재적의원 과반수의 찬성이 있어야 한다"라고 되어 있다.

그러나 국무위원 해임 건의는 의회제의 불신임안과 구분되어야 한다. 국무위원 해임권은 국무위원 개인이 도덕적·법적 문제가 있을 경우 행사되는 것이므로 적용 범위가 매우 제한적이다. 17대 국회까지 국무위원의 해임건의안이 총 134차례 제출되었으나 5건만이 가결되었고, 5건의 해임 건의를 대통령들은 모두 받아들였다. 반면 불신임안은 내각 전체가 국정운영을 성공적으로 수행하지 못할 때 의회가 행사할 수 있는 정치적인 권한이다. 슈거트와 케리(Shugart and Carey 1992)는 의회가 이처럼 내각을 해산할 수 없는 경우, 대통령 권한에 4점을 부여했다. 한국 대통령의 의회 해산 능력에 대해 살펴보면, 권위주의 정권에서는 대통령이 국회를 해산할 수 있었으나, 1987년 민주화 헌법에서는 대통령의 국회해산권이 삭제되었다. 슈거트와 케리는 대통령이 국회를 해산할 수 없는 경우에 0점을 부여했다.

지금까지의 논의를 기초로 한국 대통령의 권한을 계산해보면, 대통령의 입법적 권한은 9점으로, 비입법적 권한은 11.5점으로 측정된다. 슈거트와 케리(Shugart and Carey 1992)의 비교분석 결과에 의하면, 한국 대통령의 입법적 권한은 1988년 헌법 체계하의 브라질 대통령의 권한에 상응한다. 대통령의 입법적 권한이 9점보다 더 높은 점수를 받은 사례는 1969년의 칠레가 유일하다. 10점을 상회하는 한국 대통령의 비입법적 권한은 남미의 권위주의 국가들의 대통령 권한과 상응한다. 한국 대통령의 입법적·비입법적 권한을 합한 점수인 20.5점을 상회하는 점수를 가진 국가는 1988년 헌법 체계의 브라질과 파라과이밖에 없다. 이러한 분석 결과는 한국 대통령이 민주화 이후에도 막강한 권한을 행사할 수 있는 이유에 대한 경험적 근거를 제시한다.

한국 대통령의 권한은 슈거트와 케리(Shugart and Carey 1992)가 제시하지 않은 정치제도에서도 발견된다. 이러한 권한들은 대통령의 의제 실현 능력과 밀접하게 연관되어 있다. 한국에서는 행정부도 법안을 발의할 수 있으므로 단점정부가 형성되고, 대통령이 다수 여당을 지배할 수 있으면 대통령은 자신의 입법적 의제를 실현할 수 있다. 따라서 단점정부 형성 가능성 및 대통령의 여당 장악 능력은 대통령 의제실현에 영향을 미친다. 한국은 혼합형 선거제도를 실시하고 있으나 대부분 의석이 소선거구 의석이므로, 이 장의 정당체제 챕터에서 살펴본 바와 같이 민주화 이후 한국에서의 실효 의회 정당 수는 단순다수 선거제도를 채택한 국가들과 크게 다르지 않다. 따라서 한국에서는 비례대표제를 채택한 국가에 비해 단점정부가 형성될 가능성이 높다.

이처럼 한국은 단점정부 형성의 가능성이 높으면서도 대통령이 여당을 장악할 능력이 강한 편이다. 한국 대통령은 2001년 말까지 대통령이 집권당의 총재직을 겸하면서 실질적인 공천권을 행사했다. 2001년 말 이후 정당 민주화 작업의 일환으로 당정을 분리해 대통령이 집권당의 운영에 관여하지 않고 있으나 윤석열 정부에서는 대통령이 당무에 영향력을 행사했던 과거로 회귀하고 있다. 2001년 이후 정당 규율성은 어느 정도 약화되었으나 미국과 같은 순수한 대통령제 국가에 비해 상당히 높은 정당 규율성을 유지하고 있다. 문우진(2011)은 하향식 공천을 했던 17대 국회에서도 열린우리당의 정당 충성도가 90%를 상회했고, 특히 여당의 정당 충성도가 야당보다 강하다는 사실을 발견했다. 전진영(2010) 역시 한국의 정당 응집성은 의원내각제 국가 수준에 필적한다는 사실을 발견했다. 이처럼 여당이 결속적이고 단점정부가 형성되는 경우, 여당은 대통령의 입법 의제를 실현시키는 중요한 통로가 될 수 있다. 전진영(2011)은 국회의장 직권상정을 통한 법안처리는 단점정부 상황에 집중되었으며, 직권상정 법안 내용은 대통령이 주도한 입법의제인 경우가 대부분이라는 사실을 발견했다.

한국 정당의 정당 규율성이 대통령을 중심으로 강하게 유지되는 이유는 대통령이 사전적인(ex ante) 선발방법과 사후적인(ex post) 통제 방법을 통해 의원들의 충성을 유도할 수 있기 때문이다. 사전적인 방법은 대통령 후보가 자신에게 충성스러운 의원들로 여당을 구성하는 것이다. 특히 보수정당에서는 유력한 대통령 후보의 의지가 공천과정에서 가장 결정적인 변수로 작동한다. 대통령이 자신에게 충성을 약속한 의원들을 사후적으로 통제하는 방법은 처벌과 보상을 통해서 이루어진다. 한국 대통령은 이러한 통제를 가능케 하는 다양한 제도적 무기들을 가지고 있다.

한국 대통령은 국회 동의가 필요 없는 다양한 임명권을 가지고 있다. 미국 대통령은 법무부 장관 또는 검찰총장(attorney general)의 임명에 상원의 동의를 필요로 하는 반면, 한국 대통령은 자신에게 충성할 수 있는 검찰 수뇌부를 국회의 동의 없이 구성할 수 있고, 검찰 권력을 이용해 국회의원들을 통제할 수 있다. 한국 대통령은 또한 별정직 고위 공무원 및 정부 산하단체 임원에 대한 인사권을 가지고 있다. 뿐만 아니라 공기업 및 준공기업 기관장 임명에 실질적인 영향력을 행사해 공천이나 선거에서 패배한 의원들에게 인사 혜택을 베풀 수도 있다.

전술한 대통령의 헌법적 권한 중 가장 많은 논란을 불러일으킨 권한은 행정명령 권한이다. 제헌헌법부터 모든 헌법에서 입법 권한은 국회에 부여했으나, 법률을 실제로 시행하는 데 필요한 세부 규정은 대통령이나 행정부가 정할 수 있도록 했다. 법률에서 모든 사항을 규정하기 어렵기 때문에 행정부에 일부 권한을 위임한 것이다. 그러나 권위주의 정권에서는 대통령이 국회에서 자신의 입법의제를 관철하기 어려울 경우, 시행령 통치를 통해 행정명령 권한을 남용했다. 전술한 바와 같이, 이러한 권력남용 방지를 위해 헌법 제75조는 "법률에서 구체적으로 범위를 정하여 위임받은 사항과 법률을 집행하기 위하여 필요한 사항"에 대해서만 행정명령을 발할 수 있도록 했다. 그럼에도 불구하고 위헌적인 시행령 통치는 민주화 이후에도 여러 차례 시도되었다.

이명박 정부 때는 4대강 사업을 추진하면서 시행령을 개정해 예비타당성 조사를 피해갔다. 박근혜 정부에서는 「지방행정법」 시행령을 개정해서 시·도교육청이 누리과정 재원을 지방 교육재정 교부금에서 부담했다. 이에 야당과 교육감들은 중앙정부가 보건복지부에서 담당하던 어린이집 재정 지원을 교육청으로 떠넘기기 위해서 상위법을 위반한 시행령 개정을 했다고 반발했다. 이 밖에도, 세월호 참사의 진상규명을 검찰 파견 공무원이 맡기로 한 시행령이 「세월호특별법」의 취지를 위반했다는 점이 지적되었다. 세월호 참사에 대한 국가의 잘못을 따져야 하는데, 국가 공무원이 파견되는 것은 「세월호특별법」의 취지와 다르다는 것이다.

박근혜 대통령이 법안의 취지와 다른 시행령을 통해 통치하려 하자, 여당 출신인 정의화 국회의장은 "정부의 행정입법이 상위 법령인 법률을 훼손하는 이른바 법령의 '하극상' 현상이 발생하고 있다"라고 우려했다. 2015년 5월 29일 여야는 행정명령이 법률 취지·내용에 부합하지 않을 경우 상임위원회가 그 내용을 중앙행정기관의 장에게 "통보할 수 있다"라고 명시된 기존의 국회법 제98조 제2항을 "수정·변경을 요구할 수 있다"로 변경하는 국회법 개정안을 통과시켰다. 국회가 행정명령을 수정할 수 있도록 하는 국회법 개정안은 대통령의 행정명령에 대한 의제설정권을 무력화시키는 효과를 가지고 있다. 이러한 국회의 움직임에 맞서, 6월 25일 박근혜 대통령은 개정안을 위헌이라 주장하며 거부권을 행사했고, 여당은 국회법 개정안에 대한 재의를 포기했다. 국회법 개정안의 통과가 불발되면서, 대통령이 행정명령 권한을 남용할 소지를 남겨두었다.

21대 국회에서 윤석열 정부는 시행령 통치를 통해 여소야대 상황을 돌파하려고 했다. 청와대 민정수석비서관실 폐지를 공약했던 윤석열 정부는 민정수석실의 인사검증 기능을 법무부로 이관하는 대통령령 개정안을 내놨다. 개인정보나 사생활 침해 우려가 있는 인사검증과 같이 국민의 기본권과 관련된 사항은 국회가 법률에서 정하도록 했음에도 불구하고, 시행령과 시행규칙을 개정해 정부 기능을 재편하려 했다는 점에서 논란의 소지가 되었다. 윤석열 정부는 시행령 개정을 통해 행정안전부의 경찰국을 신설했다. 그러나 경찰에 대한 정부의 입김을 제한하기 위해 1990년 법 개정 때 행정안전부 사무에서 '치안'을 삭제했음에도 불구하고, 시행령을 통해 행정안전부가 경찰 사무를 관할하도록 했다. 윤석열 정부는 또한 국회에서 통과된 검사의 직접 수사개시 범위를 축소시키는 법률 개정안에 맞서 '검사의 수사개시 범죄 범위에 관한 규정'에 대한 대통령령을 개정해서 검찰수사권을 원상복구 시키려 했다. 인사검증 기능을 법무부로 이관하는 시행령과 경찰국 설치 시행령은 상위법에 근거를 두고 있지 않다는 점이 문제가 되었다면, 검찰수사권 원상복구 시행령은 상위법의 취지와 정면 배치된다는 점이 문제가 되었다.

언론이나 정치권은 여야에 대한 지지입장에 따라 서로 다른 정치적인 시각을 제시했다. 그러나 시행령 통치에 대한 학문적 평가는 대통령제에서의 행정부-입법부 관계에 대한 이해를 필요로 한다. 미국 대통령제에서 입법적 의제설정 권한을 의회에 부여한 이유는 입법부가 의사결정의 주체(principal)이고, 행정부는 입법부의 결정을 집행하는 대리인(agent)이라고 보기 때문이다. 삼권분립을 중시하는 미국 대통령제에서는 행정명령 권한은 대통령의 고유한 입법 권한이 아니라 의회가 제정한 일차적인 법(primary legislation)을 집행하기 위해 위임된 부차적인(secondary) 권한에 불과하다. 한국 현행 헌법 제75조 역시 이러한 원리를 매우 구체적으로 명시했다. "법률이 위임한 사항과 법률 집행에 필요한 사항"에서만 행정명령을 발할 수 있도록 한 헌법 제75조는 군사정권에서 무분별하게 남용되었던 행정명령에 제한을 가해 삼권분립의 원칙과 법치주의를 추구하기 위해 마련된 것이다.

　대통령의 행정명령 권한은 이에 대한 국회의 수정권한에 의해 결정된다. 첫째, 국회가 행정명령에 수정을 가할 수 있으면 대통령은 행정명령에 대한 의제 설정권을 상실한다. 둘째, 대통령이 행정명령을 발하고 의회가 이를 수정할 수 없고 승인만 할 수 있다면, 대통령은 행정명령에 대한 의제 설정자가 된다. 이럴 경우, 대통령은 의회가 받아들일 수 있는 입장들 중 자신이 가장 선호하는 행정명령을 발할 수 있다. 셋째, 대통령이 의회가 위임하지 않은 포괄적인 영역에서 행정명령을 발할 수 있고 국회가 행정명령에 대해 수정 또는 승인 권한도 행사할 수 없다면, 대통령은 견제 없는 행정명령 권한을 행사할 수 있다. 위 세 가지 경우 중, 첫 번째 경우가 대통령제의 삼권분립의 원칙과 가장 부합하는 제도이며, 두 번째 경우는 의회제와 유사한 제도이다. 세 번째 경우는 행정부에 대한 의회의 견제나 승인도 불가능한 제도로 민주적인 대통령제에서 발견하기 어려운 제도이다.

미국식의 대통령제가 순수한 권력분립 제도를 채택했다면, 후발 대통령제 국가들은 대통령의 권한을 강화시키기 위해 미국 대통령제의 제한적인 행정명령 권한을 다양한 방법으로 강화시켰다. 케리(Carey 2008)는 행정명령을 특정한 절차(주로 헌법적 규정)에 따라 행정부 수반이 입법부를 "대신해서" 발한 법의 효력을 갖는 규칙으로 정의하고, 행정명령 제도들을 국가별로 비교했다. 케리는 행정명령의 효력이 즉각적인가, 또는(그리고) 지속적인가에 따라, 행정명령 제도를 비교정치학적 관점에서 세 종류로 구분했다. 케리에 의하면, 행정명령 제도를 채택한 국가들은 첫째, 행정명령이 즉각적이고 지속적인 효력을 갖는 경우(러시아, 페루), 즉각적으로 법의 효력을 발휘하기는 하나 의회의 승인이 없으면 일정 기간이 지나면 자동적으로 효력이 소멸되는 임시적(provisional)인 경우(브라질, 아르헨티나), 의회가 승인할 때까지는 행정명령이 법의 효력을 갖지 못하는 지연적(delayed)인 경우(프랑스)로 분류될 수 있다.

슈거트와 케리(Shugart and Carey 1992)는 44개 정권의 헌법 분석을 통해 대통령의 행정명령 권한을 계량적으로 측정했다. 이들은 행정명령에 대한 아무런 제약 없는 경우는 4점, 제약은 거의 없지만 임시적인 행정명령 제도는 2점, 제한된 행정명령 제도는 1점, 행정명령 권한이 없는 경우는 0점을 부여했다. 이들은 29개 정권에 0점, 11개 정권에 1점, 세 정권에 2점을 부여했다. 4점을 부여받은 유일한 사례는 1988년 브라질 권위주의 정권이었다. 이들이 분석한 대부분의 사례가 권위주의 정권이라는 것을 감안할 때, 권위주의 국가마저도 견제 없는 행정명령 제도를 채택한 경우는 극히 드물다는 사실을 알 수 있다. 슈거트와 케리는 한국의 제헌헌법, 제3공화국 헌법 및 1987년에 제정된 현행 헌법에 명시된 행정명령 권한에 1점을 부여했다. 슈거트와 케리는 현행 헌법 제75조가 제한적인 행정명령 권한을 규정하는 것으로 측정했다.

정리하면, 삼권분립에 충실한 입법 제도는 의회가 행정부의 법안이나 행정명령에 수정을 가할 수 있는 제도이다. 비교 정치학적 시각에 의하면, 대통령이 포괄적인 영역에서 행정명령을 발할 수 있고 행정명령에 대해 국회가 수정 또는 승인 권한도 행사할 수 없다면, 한국 대통령은 어떠한 국가보다도 가장 막강한 행정명령 권한을 가지게 된다. 뿐만 아니라, 한국의 대통령제에서는 대통령이 다수 여당을 장악한 경우, 대통령이 입법적인 의제 설정자가 된다. 이러한 입법 권한에 견제 없는 행정명령 권한이 더해진다면, 한국 대통령은 다른 어떠한 권위주의 국가에서도 발견하기 어려운 막강한 입법 권한을 행사하게 되는 것이다.

정부 유형

한국의 단순다수제 위주의 선거제도는 양당체제를 산출하는 경향이 있기 때문에 단점정부가 형성될 가능성을 높인다. 반면 한국에서는 대선과 총선의 시점이 서로 일치하지 않기 때문에, 유권자들이 총선을 통해 여당을 심판할 경우 분점정부가 형성될 가능성이 증가한다. 다음 표는 1-2기 보수정부(노태우 및 김영삼 정부)에서의 정부 유형 변화를 보여준다. 표에서 분점정부는 ① 여당이 제1당 지위를 차지한 무과반 제1여당 정부와 ② 여당이 제2당 지위를 차지한 소수여당 정부, 그리고 ③ 야당이 과반수를 차지한 야당과반 정부로 분류되었다. 무과반 제1여당 정부, 소수여당 정부, 과반야당 정부 순으로 여당에 비해 야당의 의석 비율이 높아진다. 이 시기에는 여당이 총선을 통해 과반 이상의 의석을 한 번도 차지하지 못했다. 대신 여당이 제1일당을 차지한 "무과반 제1여당" 정부가 13대 국회 초반에 형성되었다. 그럼에도 불구하고 1-2기 보수정부는 삼당 합당이나 무소속 의원의 합당과 같은 정계 개편을 통해 총 3,653일 중 83.5%에 해당하는 기간에 단점정부를 형성할 수 있었다.

민주화 이후 1-2기 보수정부에서의 정부 유형

정부 유형/ 기간	시점- 종점	대통령	국회	여당/ 제1당	여당 의석	주요 사건
단점 (총선) 95일	88.02.25– 88.05.29	노태우	12대	민정/ 민정	53.6%	• 87.12.16. 노태우 13대 대통령 당선
무과반 제1여당 602일	88.05.30– 90.01.21		13대	민정/ 민정	41.8%	• 88.04.26. 13대 총선 결과 의석 배분 • 민정당 41.8%, 통일민주당 19.7%, • 평화민주당 23.4% 신민주공화당 11.7%
단점 (정계 개편) 859일	90.01.22– 92.05.29			민자/ 민자	72.2%	• 90.01.22. 삼당 합당
단점 (정계 개편) 271일	92.05.30– 93.02.24		14대	민자/ 민자	49.7%→ 51.8%	• 92.03.24. 14대 총선 결과 의석 배분 • 민자당 49.7%, 민주당 32.6% • 통일국민당 10.4% • 무소속 16인 민자당 입당 과반 확보
단점 (정계 개편) 1,190일	93.02.25– 96.05.29	김영삼		민자/ 민자→ 신한국	52.5%	• 92.12.19. 김영삼 14대 대통령 당선 • 96.02.27. 민자당→신한국당
단점 (정계 개편) 636일	96.05.30– 98.02.24		15대	신한국/ 신한국	46.5→ 52.5%	• 96.04.11. 15대 총선 결과 의석 배분 • 신한국당 46.5%, 국민회의 26.4%, 자민련 16.7%, 통합민주당 5.0% • 신한국당 무소속 흡수 여당 과반 확보

출처: 선거관리위원회 및 위키백과 등 참조.

다음 표는 1-2기 진보정부(김대중 및 노무현 정부)에서의 정부 유형 변화를 보여준다. 이 표에서는 1-2기 진보정부의 대부분 기간 동안 분점정부 상태를 유지했다는 사실을 보여준다. 이 기간에는 총 3,652일 중 29.9%에 해당하는 기간에만 단점정부가 형성되었다. 김대중 정부는 분점정부로 시작해서 DJP연합이라고 불린 국민회의와 자민련의 연합에 의해 단점정부가 652일 동안 형성되었다. 이후 16대 총선으로 DJP연합이 와해되었으나 새천년민주당, 자민련과 민국당이 연합해서 단점정부를 형성시켰다. 노무현 정부에서는 17대 총선으로 단점정부가 형성되었으나 1년을 넘기지 못했다. 2007년 2월 초에 열린우리당 의원 23인이 1차로 탈당했고, 노무현 대통령이 열린우리당을 탈당했다. 2007년 2월 말에는 열린우리당 의원 20인이 탈당해 중도개혁통합신당을 창당했다.

민주화 이후 1-2기 진보정부에서의 정부 유형

정부 유형 기간	시점-종점	대통령	국회	여당/다수당	여당 의석	주요 사건
과반야당 173일	98.02.25–98.08.16	김대중	15대	국민회의+자민/신한국→한나라	40.5% 26.1+ 14.4	• 97.12.28. 김대중 15대 대통령 당선 • 97.11.27. 신한국 → • 한나라당으로 당명변경
단점 (연합) 652일	98.08.17–00.05.29			국민회의+자민/한나라	51.2% 33.8+ 17.4	• 98.08.17. 여당 한나라 40명 흡수 • 00.01.20. 국민회의→새천년민주당으로 당명변경
소수여당 321일	00.05.30–01.04.15		16대	새천년/한나라	42.1%	• 00.04.13. 16대 총선 결과 의석 배분 • 새천년민주당 42.1%, 한나라당 48.7%, 자민련 6.2%
단점 (연합) 140일	01.04.16–01.09.02			새천년+자민+민국/한나라	50.1%	• 01.04.16. 새천년민주당, 자민련, 민국당 연합 (42.1%+7.3%+0.7%)
과반야당 540일	01.09.03–03.02.24			새천년/한나라	41.4%	• 01.9.3. 임동원 해임 건의안 가결. DJP 공조 파기

정부 유형/ 기간	시점– 종점	대통령	국회	여당/ 다수당	여당 의석	주요 사건
과반야당 216일	03.02.25– 03.09.28			새천년/ 한나라	37.1%	• 02.12.19. 노무현 16대 대통령 당선
과반야당 244일	03.09.29– 04.05.29		16대	열린우리 /한나라	17.2%	• 03.09.29. 노무현 대통령 새천년민주당 탈당 • 03.11.11. 열린우리당 창당 • 04.03.12. 노무현 대통령 탄핵안 통과
단점 (총선) 299일	04.05.30– 05.03.24			열린우리 /열린 우리	50.8%	• 04.04.15. 17대 총선 결과 의석 배분 • 열린우리당 50.8%, 한나라당 40.5% • 민주노동당 3.3% 새천년민주당 3.0% 04.05.21 노무현 대통령 우리당 입당
무과반 제1여당 683일	05.03.25– 07.02.05	노무현		열린우리 /열린 우리	50.8% → 49.8%	• 05.03.25. 우리당 2석 상실 과반 붕괴 • 05.05.06. 새천년민주당→ 민주당으로 당명변경
무과반 제1여당 121일	07.02.06 – 07.06.06		17대		49.8% → 42.4%	• 07.02.06. 우리당 23인 1차 탈당 • 07.02.22. 노무현 대통령 탈당 • 07.05.07. 우리당 탈당 20인 중도개혁 통합신당 창당(중위정당)
소수여당 59일	07.06.07 – 07.08.04			열린우리 /한나라	37.1%	• 07.06.07. 우리당 16인 2차 탈당 • 07.06.27. 중도통합민주당 창당(민주당 +중도개혁통합신당)
무과반 제1여당 204일	07.08.05– 08.02.24			대통합 민주/ 한나라	47.8%	• 07.08.05. 대통합민주신당 창당 우리당+중도통합민주당 25인(19.4%) • 07.08.13. 중도통합민주당 일부→ 민주당으로 당명변경

출처: 선거관리위원회 및 위키백과 등 참조.

다음의 새로운 표는 3-4기 보수정부(이명박 및 박근혜 정부)에서의 정부 유형 변화를 보여준다. 이 표에서는 3-4기 보수정부 역시 1기 정부와 마찬가지로 대부분 기간 동안 단점정부 상태를 유지했다는 사실을 보여준다. 이 기간에는 총 3,362일 중 84.9%에 해당하는 기간 동안 단점정부가 형성되었다. 이명박 대통령이 취임한 이후 95일 만에 치러진 18대 총선에서 대승한 이명박 정부 기간 내내 단점정부가 형성되었으며, 박근혜 정부에서도 20대 총선 직전 공천파동으로 새누리당 일부 의원이 탈당하기 전까지 단점정부 상황이 유지되었다. 그럼에도 불구하고, 18대 국회 말에 통과되어 19대 국회부터 적용된 국회선진화법 때문에 박근혜 정부는 야당의 견제로부터 자유로울 수가 없었다. 초다수결 입법규칙이 적용된 19대 국회기간을 제외하면, 이명박 정부는 1,461일 동안 정부와 여당이 단독으로 입법의제를 밀어붙일 수 있었다.

민주화 이후 3-4기 보수정부에서의 정부 유형

정부 유형 기간	시점– 종점	대통령	국회	여당/ 다수당	여당 의석	주요 사건
소수여당 95일	08.02.25– 08.05.29	이명박	17대	한나라/ 통합 민주당	43.5%	• 07.12.19. 이명박 17대 대통령 당선 • 08.02.17. 대통합민주신당 민주당 합당, 통합민주당 창당 (47.2%)
단점 (총선) 1,460일	08.05.30– 12.02.12		18대	한나라/ 한나라	51.2% → 54.8%	• 08.04.09. 18대 총선 결과 의석 배분 • 한나라당 51.2%, 민주당 27.1% • 자유선진당 6.0%, 친박연대 4.7% • 08.07.11. 친박연대 일부 한나라당 복당 • 11.12.16. 민주당→민주통합당
	12.02.13– 12.05.29			새누리/ 새누리	54.8% → 55.9%	• 12.02.02. 한나라당과 미래희망 연대 합당 • 12.02.02. 새누리당 창당 • 12.05.02. 국회선진화법 통과
단점 (총선) 271일	12.05.30– 13.02.24			새누리/ 새누리	50.7%	• 12.04.11. 19대 총선 결과 의석 배분 • 새누리당 50.7%, 민주통합당 42.3%, 통합진보당 4.3%
단점 (총선) 1,122일	13.02.25– 16.03.23	박근혜	19대	새누리/ 새누리	50.7%	• 14.03.26. 새정치민주연합 창당: 민주당 +새정치연합 • 15.12.28. 더불어민주당 창당 • 14.07.30. 보궐선거 • 새누리 11석 새정련 민주 4석
무과반 제1여당 65일	16.03.24– 16.05.29			새누리/ 새누리	48.0%	• 새누리당 공천파동 탈당 • 144석

대의 민주주의와 한국 정치제도

정부 유형 기간	시점– 종점	대통령	국회	여당/ 다수당	여당 의석	주요 사건
소수여당 (총선) 258일	16.05.30– 17.02.12	박근혜	20대	새누리/ 더불어 민주당	40.7% → 31.0%	• 16.04.13. 20대 총선 결과 의석 배분 • 더불어민주당 41.0%, 새누리당 40.7% • 국민의당 12.7%, 정의당 2.0% • 17.01.04. 새누리당 29명 탈당 바른정당 창당, 새누리 93석
소수여당 86일	17.02.13– 17.05.09			새누리/ 더불어 민주당	31.0% → 35.7%	• 17.02.13. 자유한국당 창당 • 17.03.10. 박근혜 탄핵 • 17.05.06. 바른정당 20명 등 복귀 • 새누리당 107석, 바른정당 9석

출처: 선거관리위원회 및 위키백과 등 참조.

다음 표는 3기 진보정부(문재인 정부) 및 5기 보수정부(윤석열 정부) 에서의 정부 유형의 변화를 보여준다. 문재인 정부는 임기 전체의 61.1%에 해당하는 기간을 분점정부의 상황에서 보내야 했다. 국회 선진화법으로 인해 초다수를 필요로 하는 제도적 환경에서 문재인 정부는 개혁입법을 추진할 수 없었고, 국회는 극심한 식물국회 상황을 경험했다. 20대 국회의 법안처리 비율은 32%에 그쳐, 18대와 19대 국회의 법안처리 비율(각각 44%와 42%)에 비해 현저히 감소하게 되었다. 20대 국회 활동을 분석한 한 연구에 의하면, 공동발의는 주로 정당 내에서만 이루어져 정당 간 협치는 활발하지 못했던 것으로 드러났다.[*] 21대 총선에서 180석을 확보한 문재인 정부는 미래통합당과의 협의 없이 원 구성을 유리하게 밀어붙일 수 있게 되었다. 더불어민주당은 17대 국회부터 관례에 의해 야당에게 배분

* 「중앙SUNDAY」 (2020/03/07) "일 덜 하고 협치 '나 몰라라': 발의 법안 66% 손도 못 대", https:// news.joins.com/article/23724266 (검색일 2020. 03.18).

되었던 법제사법위원회 위원장직을 21대 전반 국회에서 확보했다. 2022년 5월 10일에 윤석열 대통령이 취임하면서 109석의 작은 여당인 국민의힘과 168석의 거대 야당인 더불어민주당이 서로 대치하는 분점정부가 형성되었다.

민주화 이후 3기 진보정부와 5기 보수정부에서의 정부 유형

정부 유형 기간	시점-종점	대통령	국회	여당/다수당	여당 의석	주요 사건
무과반 제1여당 1,116일	17.05.10-20.05.29	문재인	20대	더불어민주당/더불어민주당	41.0%→42.7%	• 17.05.10. 문대통령 취임 • 18.02.06. 민평당 창당 15+3석 • 18.02.13. 국민의당·바른정당 해산 바른미래당 창당 33-3석 • 19.04.22. 한국당 제외한 여야 4당 선거법 개정 합의 • 19.12.27. 준연동형 선거법 개정안 통과 • 20.02.27. 미래통합당 창당 108석 • 20.02.24. 민생당 창당 8석
단점 (총선) 710일	20.05.30-22.05.09		21대	더불어민주당/더불어민주당	60.0%→58.3%	• 20.04.15. 21대 총선 결과 의석 배분 • 더불어민주당 60.0%, 미래통합당 34.3% • 정의당 2.0%, 국민의당 1.0%, 열린민주당 1.0% • 20.09.02. 미래통합당→국민의힘으로 당명 변경 • 2022.01.18. 더불어민주당과 열린민주당 합당
과반야당 751일	22.05.10-24.05.29	윤석열	21대	국민의힘/더불어민주당	36.3%	• 22.05.10. 윤대통령 취임 • 더불어민주당 168석 • 국민의힘 109석

출처: 선거관리위원회 및 위키백과 등 참조.

이어지는 다음의 표는 13대 국회 이후부터 21대 국회까지 단점/분점정부가 차지하는 비율을 보여준다. 여기에서는 단점정부 기간

대의 민주주의와 한국 정치제도

이 분점정부 기간보다 더 길다는 사실을 보여준다. 총선 및 정계 개편과 연합정부를 통해 형성된 단점정부의 기간을 합하면, 단점정부 기간은 전체 기간의 61.4%에 달했고, 여당이 제1당의 지위를 차지한 기간은 전체 기간의 84.0%에 달했다. 여당이 제1야당보다 더 적은 의석을 차지한 기간의 비율은 16.1%이었으며, 야당이 과반의석을 차지한 기간의 비율은 9.5%이었다. 여기에서 보면 총선을 통해 단점정부가 형성된 기간은 31.2%에 불과했고, 의원 영입 또는 정계 개편을 통해 형성된 편법적인 단점정부 기간이 22.5%에 달한다는 것을 보여준다. 이처럼 편법적인 단점정부는 주로 정당체제가 안정되지 않았던 민주화 직후 형성되었다.

13대 국회부터 21대 국회까지 단점정부와 분점정부 기간 및 비율

정부 유형	단점정부			합	분점정부			합
	총선 단점정부	정계 개편 단점정부	연합정부		무과반 제1여당	소수여당	과반야당	
기간	3,864	2,956	792	7,612	2,793	820	1,924	5,537
비율	29.4%	22.5%	6.0%	57.9%	21.2%	6.2%	14.6%	42.1%

총선을 통한 단점정부들은 주로 최근의 총선(17대, 18대, 19대, 21대)에서 형성되었다. 이러한 변화는 한국에서의 선거 경쟁이 점점 양당 중심 체제를 산출하는 경향이 강해진다는 사실을 의미한다. 17대 이후 총선을 통해 단점정부가 형성된 기간은 55.6%에 달했다. 이러한 수치는 미국에서의 단점정부 통치기간의 비율과 비교하면 매우 높은 것이다. 미국의 경우, 제2차 세계대전 이후 형성된 35개의 정

부에서 단점정부가 형성된 적은 10번(28.5%)에 불과했다. 이처럼 한국에서의 단점정부 기간이 길게 나타나는 이유 중 하나는 대통령 임기와 국회의원 임기가 각각 5년과 4년으로 비슷하기 때문이다. 미국에서는 정부의 국정운영 성과를 대통령 임기 중반에 치러지는 중간선거를 통해 평가하기 때문에 분점정부가 형성될 가능성이 높다. 반면 한국에서의 총선은 대통령 임기 중간에 항상 치러지는 것이 아니므로 미국에 비해 단점정부가 형성될 가능성이 상대적으로 높다.

입법규칙
의회의 권력 분산과

한국은 단원제를 채택했으므로 의회구조는 다수제 모형에 해당한다. 의회구조뿐만 아니라 의회의 원구성 제도는 다수당의 입법능력과 소수당의 견제능력에 영향을 미친다(Powell 2000). 상임위원장직을 다수당이 독차지하는 미국과 같은 국가의 원구성 제도는 다수제 모형에 해당하나, 의석에 따라 비례적으로 배분하는 제도는 합의제 모형에 해당한다. 한국은 6대 국회부터 상임위원회 중심주의를 채택하고 있으며, 국회법 제37조의 규정에 따라 정부 부처에 대응하는 16개의 상임위원회를 둔다. 한국은 상임위원장직 배분에 관한 명문의 규정은 없다. 민주화 이전에는 다수당이 상임위원장직을 독점했으나 13대 국회부터 20석 이상을 확보한 교섭단체 의석비율을 고려해 위원장직을 배분하고 있다.

상임위원장은 개회 및 산회를 선포하고 발언을 허가하며 위원장을 대리할 간사를 지정할 권한을 가지고 있다. 상임위원장은 또한 법안, 예결산 등 각종 안건과 관련한 의사진행 일정의 최종 결정권을 쥐고 있다. 따라서 소수당이 위원장직을 맡은 위원회에서 소수당은 소수임에도 불구하고 다수당을 견제할 수 있는 능력이 있다. 예컨대, 18대 국회에서 소수당인 민주당이 위원장직을 맡은 교육과학기술위원회, 환경노동위원회, 법제사법위원회(법사위)에서 다수당인 한나라당의 예산안과 주요 법안 등의 처리가 지연되었다. 그러자 한나라당은 다수당이 모든 상임위원장을 맡도록 하는 국회법 개정안을 발의하겠다고 밝혔고, 민주당은 이러한 제안을 강력하게 반대했다.

국회선진화법이 도입되기 전까지 상임위원회는 다수결로 의사결정을 한다. 국회법 제54조는 "위원회는 재적위원 5분의 1 이상의 출석으로 개회하고, 재적위원 과반수의 출석과 출석위원 과반수의 찬성으로 의결한다"라고 명시했다. 따라서 다수당이 위원장직을 맡은 상임위원회에서 다수당은 자신이 원하는 법안을 통과시킬 수 있으나, 소수당은 합의의 관행을 존중할 것을 요구한다. 상임위원회를 통과한 다수당 안은 본회의에 회부되기 전에 법사위를 통과해야 한다. 법사위는 법안의 체계와 자구를 심사하는 권한을 이용해서 상임위를 통과한 법안의 처리를 지연시킬 수 있다. 따라서 본회의로 통하는 "수문장"(gate keeper)의 역할을 하는 법사위는 상당한 거부권을 행사할 수 있다. 법사위 위원장직은 16대 국회까지 다수당이 차지했고, 17대 국회부터 20대 국회까지 소수당이 차지했으나, 21대 국회 전반부에서는 초다수 의석을 차지한 민주당이 차지했다. 소수당이 법사위원장직을 차지한 경우, 소수당은 다수당 법안이 본회의로 상정되는 것을 막을 수 있다. 상임위원회를 통과하고도 법사위의 장벽에 막혀 계류되고 폐기된 법안들은 17-19대 국회에서 총 166건이었고, 20대 국회에서 91건으로 나타났다.

상임위에서 합의점을 찾지 못한 법안은 법사위에서 폐기될 가능성이 높기 때문에, 다수당은 국회의장 직권상정 절차를 이용한다. 국회선진화법이 채택되기 이전, 국회법 제85조는 "의장은 심사기간을 정해 안건을 위원회에 회부할 수 있으며, 위원회가 이유 없이 기간 내에 심사를 마치지 아니한 때는 중간보고를 들은 후 다른 위원회에 회부하거나 바로 본회의에 부의할 수 있다"라고 규정하고 있다. 국회의장은 중립적인 국회운영을 위해 당적을 상실하도록 되어 있지만, 자신이 소속되었던 다수당이 추진하는 쟁점법안을 직권으로 상정하는 역할을 해왔다.

국회에서는 대부분의 법안이 여야 합의로 통과되기 때문에, 국회에서의 의결 방식이 합의제라고 주장하는 입장이 있다. 국회의 의사결정이 합의제라면, 소수당도 다수당과 동등한 입법 권한을 가지게 된다. 따라서 정당들이 수단과 방법을 가리지 않고 다수당이 되려고 노력할 필요가 없다. 그러나 여당은 선거에서 과반수 의석을 확보하지 못하면, 정계 개편이나 의원 빼오기 등을 통해 다수 의석을 확보하려 노력해왔다. 뿐만 아니라, 국회에서 실질적인 의결방식이 합의제라면 어떠한 입법규칙을 사용해도 차이가 없다. 그러나 이명박 대통령의 실정으로 과반 의석을 차지하지 못할 것으로 예상한 새누리당은 19대 총선 직전 초다수결 의결방식을 포함하는 국회선진화법을 통과시켰다. 국회가 합의제로 운영된다면, 소수당은 언제나 다수당을 견제할 수 있으므로 초다수결제를 채택할 필요가 없다.

국회에서 대부분의 법안이 여야 합의로 통과된다는 사실이 국회가 합의제로 운영된다는 것을 의미하지는 않는다. 국회에서 통과되는 대부분의 법안은 비쟁점법안이고, 이러한 법안은 대부분 여야가 모두 입법을 원하는 민생법안이기 때문에 합의로 통과시키는 것일 뿐이다. 국회 입법규칙이 합의제인가, 다수제인가를 평가하기 위해서는 다수당과 소수당이 모두 찬성하는 비쟁점법안이 아니라 서로 반대하는 쟁점법안의 통과 가능성을 보아야 한다. 만약 한국 국회의 입법규칙이 합의제라면, 쟁점법안이 통과될 수 없다. 그러나 국회법 제54조는 다수결을 의결규칙으로 명시하고 있으며, 다수당은 꼭 통과시킬 필요가 있다고 생각되는 쟁점법안은 소수당이 반대해도 국회법 제85조에 명시된 국회의장 직권상정 절차를 통해 통과시킬 수 있다. 이러한 법적 조항을 근거로 다수 여당은 국회의장 직권상정 절차를 이용해서 쟁점법안을 통과시켜 왔다.

그러나 국회의장 직권상정 절차는 '동물국회'라고 불리는 극단적인 물리적 충돌을 일으켰다. 소수당은 다수당이 합의의 관행을 깨뜨렸다고 비판하면서 직권상정 입법을 불법적이라고 주장한다. 학계에서도 국회의장 직권상정 입법이 변칙적이고 예외적인 것이라는

대의 민주주의와 한국 정치제도

비판적인 시각이 있다(전진영 2011). 그러나 이러한 비판적 시각은 규범적인 판단에 근거한 것이다. 소수당 입장에서는 국회의장 직권상정 절차를 다수당의 불법적인 밀어붙이기로 볼 수 있으나, 다수당 입장에서는 국회법에 명시된 다수결을 거부하는 소수당의 불법적인 발목잡기를 타개하기 위한 불가피한 수단으로 볼 수 있다. 다수당이 소수당이 되거나 소수당이 다수당이 되면, 자신이 처한 입장에서 자신에게 유리한 주장을 서로 반복한다.

입법규칙이 다수제인가, 합의제인가의 문제는 소수당이 반대하는 쟁점법안을 다수당이 통과시킬 수 있는 법적인 근거가 있는가, 그리고 경험적으로 이러한 사례들이 존재하는가에 따라 결정된다. 전술한 바와 같이, 국회법 제54조와 제85조는 다수당에게 이러한 법적 권한을 부여했으며, 여당은 여대야소 상황에서 야당이 반대하는 쟁점법안을 통과시킬 수 있었던 반면, 여소야대 상황에서 여당은 야당이 반대하는 쟁점법안을 통과시킬 수 없었다. 따라서 국회선진화법 이전 국회의 입법규칙은 다수제로 보는 것이 타당하다.

국회선진화법은 여야 간 물리적 충돌을 방지하고, 입법결정에 합의적 요소를 강화시킨다는 명분하에 2012년에 통과되었다. 수정된 국회법 제85조 제2항에 의하면, 국회의장 직권상정은 천재지변, 국가비상사태 또는 교섭단체가 합의하는 경우에만 가능하게 되었다. 이 조건들이 충족되지 않은 경우 법안을 본회의로 보내기 위해서는 신속처리안건 지정 동의를 무기명 투표로 표결하되 재적의원 5분의 3 이상 또는 안건의 소관 위원회 재적위원 5분의 3 이상의 찬성으로 의결하도록 했다. 이러한 조항은 국회에서의 의결규칙을 다수결에서 초다수결로 바꾸는 효과를 가진다. 달리 말하면, 국회선진화법은 소수당에게 5분의 3 이상을 얻지 못한 다수당을 견제할 수 있는 능력을 부여한다. 따라서 국회선진화법 이후의 입법규칙은 합의제에 가깝고, 여대야소 상황에서도 다수당이 재적의원 5분의 3 이상을 얻지 못하는 경우 소수당은 거부권을 행사할 수 있다.

사법부 독립성

　　대한민국 헌법 제128조에 의하면, "헌법개정은 국회 재적의원 과반수 또는 대통령의 발의로 제안된다". 헌법 제130조 ①항에 의하면 "국회는 헌법개정안이 공고된 날로부터 60일 이내에 의결하여야 하며, 국회의 의결은 재적의원 3분의 2 이상의 찬성"을 얻어야 한다. ②항에 의하면, "헌법개정안은 국회가 의결한 후 30일 이내에 국민투표에 붙여 국회의원선거권자 과반수의 투표와 투표자 과반수의 찬성을 얻어야 한다"라고 되어 있다. 따라서 한국에서의 헌법 개정의 용이성은 합의제 모형에 해당한다.

　　독립적인 위헌심사 기관이 있는 국가에서는 행정부와 입법부에 대한 사법부의 견제력이 강화된다. 위헌심사 권한을 가진 독립적인 사법부는 합의제 모형과 부합한다. 사법부의 독립성은 사법부를 구성하는 제도에 의해 영향을 받는다. 한국은 1987년 현행 헌법이 채택된 이후 9명으로 구성된 헌법재판소가 위헌심사를 한다. 헌법재판관은 대통령이 지명한 3인, 국회에서 선출된 3인, 대법원장이 지명한 3인으로 구성된다. 국회에서는 여당과 야당이 각각 1인을 선출하고 여야 공동으로 1인을 선출한다. 대법원장이 임명하는 헌법재판관의 경우, 대통령이 대법원장을 임명하므로 대통령의 성향과 비슷할 가능성이 높다. 대통령이 선택한 3인, 대법원장이 지명한 3인, 여당이 선택한 1인은 대통령의 입장을 지지할 가능성이 높다. 따라서 한국의 헌법재판관 선발제도는 행정부로부터 완전히 독립적인 사법부를 형성시키기 어렵다.

헌법재판소의 독립성에 영향을 미치는 다른 제도는 헌법재판관의 임기이다. 이들의 임기가 길어질수록 사법부의 독립성은 증가한다. 한국의 경우, 대통령 임기와 헌법재판관 임기는 각각 5년과 6년으로 임기가 서로 비슷하기 때문에 대통령은 자신이 임명한 재판관과 함께 국정을 운영할 가능성이 높다. 역대 헌법재판관의 임명 사례들을 보면, 노태우 대통령은 자신의 임기 시작과 동시에 8명의 보수적인 재판관들을 임명했고, 김영삼 대통령 역시 8명의 보수적인 재판관을 임기 초에 임명했다. 반면 김대중 대통령은 자신의 임기가 2년이 지난 후 진보적인 재판관들을 임명할 수 있었다. 노무현 대통령은 전임 김대중 대통령이 임명한 비교적 진보적인 재판관들과 함께 국정을 운영할 수 있었다. 이명박 대통령은 임기의 대부분을 전임 노무현 대통령이 임명한 진보적인 재판관들과 함께 국정을 운영해야 했다. 반면 박근혜 대통령은 이명박 대통령이 임명한 보수적인 재판관과 함께 임기를 시작했고, 2인의 보수적인 재판관을 추가적으로 임명했다. 문재인 대통령은 임기 2년 만에 7인의 재판관 중 5인을 진보적인 재판관으로 교체할 수 있었다.

정리하면, 노태우, 김영삼, 노무현, 박근혜 대통령은 자신의 이념과 부합하는 헌법재판관들을 임명하거나 물려받을 수 있었으나, 이명박 대통령은 임기 대부분 기간을 자신과 이념이 다른 전임 대통령이 임명한 재판관들과 국정을 운영해야 했다. 김대중 대통령과 문재인 대통령은 임기 초에는 자신의 이념과 다른 헌법재판관을 전임 대통령으로부터 물려받았으나, 임기 2년부터는 자신의 이념과 비슷한 재판관을 임명할 수 있었다. 따라서 대통령과 재판관들의 이념이 서로 비슷한 기간이 25년 정도 되었던 반면, 서로 다른 기간이 10년 정도 되었다. 이러한 분석결과는 사법부가 행정부에 의존적인 기간이 독립적인 기간보다 더 길었다는 것을 의미한다.

헌법재판소의 판례를 보면, 헌법재판소는 정부 또는 국회 다수의 결정에 부합하는 판결을 내리는 성향이 강했다. 예컨대, 헌법재판소는 국회가 2004년 3월에 제출한 노무현 대통령 탄핵소추안을 5월에 기각하는 결정을 내렸다. 2005년부터 시행된 참여정부의 종합부동산세의 세대별 합산 규정은 이명박 정부에서야 위헌판정을 받았다. 헌법재판소는 또한 노무현 대통령이 자신의 열린우리당 지지발언에 대한 탄핵이 자신의 표현의 자유를 침해했다고 제출한 헌법소원에 대한 기각 결정을 이명박 정부에서 내렸다. 2009년 11월

헌법재판소는 여당인 한나라당이 통과시킨 미디어법의 본회의 가결과정에 문제가 있다는 해석을 내렸음에도 불구하고 유효하다는 판결을 내렸다.

2014년 12월 19일 정부가 청구한 통합진보당 해산심판 및 정당활동 정지 가처분 신청사건에서 헌법재판소는 8 대 1의 의견으로 통진당 해산결정을 내렸다. 2016년 12월 9일, 국회의원 299명 중 찬성 234명으로 가결시킨 박근혜 대통령 탄핵소추안은 2017년 3월 10일 헌법재판관 전원일치로 인용되었다. 2021년 1월 28일, 미래통합당 의원 100여 명이 제기한 공수처법 위헌 소송에서 5(합헌) 대 3(위헌)대 1(각하) 의견으로 공수처법이 합헌이라는 결정을 내렸다. 이러한 사례들은 헌법재판소가 행정부나 국회 다수의 입장에 반하는 결정을 내리기 어렵다는 사실을 보여준다. 따라서 한국 사법부의 위헌심사 제도는 다수제 모형에 부합한다고 볼 수 있다.

관계
중앙-지방정부

한국은 연방정부와 지방정부에게 별개의 독점적인 관할권을 부여하는 연방제 국가와 거리가 멀다. 한국에서 지방자치와 지방분권의 수준이 미흡한 이유는 중앙정부가 지방정부에 권한을 이양하지 않고, 재정분권이 이루어지지 않았기 때문이다. 1995년까지의 중앙-지방 관계를 분석한 김태룡(1996)은 중앙집권적인 역사적 전통과 통치권자들의 중앙집권적 정치성향 때문에 사무, 재정, 인사 등 모든 면에서 지방정부는 중앙정부에 심각하게 예속되는 경향을 나타냈다고 주장했다. 중앙-지방정부 간의 예속관계는 1991년 지방자치가 부활된 이후에도 지속되어 중앙정부가 광역 및 기초자치 단체를 통제하고, 광역단체가 기초자치 단체를 통제하는 수직적 구조가 유지되고 있다. 이러한 이유는 중앙정부가 법률 또는 법령을 통해 각종 자치권(자치입법권, 자치조직권, 자치행정권, 자치재정권 등)을 통제하기 때문이다(심익섭 2010).

지방분권화는 재정이 뒷받침되어야 실질적인 권한 및 사무 이양이 이루어졌다고 할 수 있다. 1970년부터 2004년까지 한국의 지방 순세입 비율(중앙세입 대비 이전재원을 제외한 지방세입) 평균은 0.41로 1970년에서 1988년까지의 미국(0.38), 영국(0.13), 프랑스(0.14)의 평균보다 높은 수준이다(현근 · 우영춘 2005). 1970년부터 2004년까지 지방세와 국세 비율은 평균 24%에 불과하나 미국의 주정부(27.9%), 영국(7.7%) 또는 프랑스(10.3%)에 비해 낮은 편이 아니다(현근 · 우영춘 2005: 484). 그러나 지방의 재정자립도(일반회계총계 예산규모 대비 지방세와 세외수입이 차지하는 비율)는 꾸준히 감소하고 있어, 지방정부의 중앙정부 재원에 대한 의존도와 지방정부의 중앙정부에 대한 종속화가 심화되고 있다(송상훈 · 이현우 2011). 따라서 한국에서의 중앙-지방정부 관계는 다수제 모형에 가깝다고 볼 수 있다.

중앙은행 독립성

현행법에 의하면, 한국은행은 헌법기관이 아니라 무자본 특수법인이다. 한국은행은 주로 통화정책을 관장하며 금융감독 권한은 금융감독원에 놓여 있다. 따라서 한국은행의 금융정책 권한은 매우 제한적이다. 금융통화위원회(금통위)는 한국은행의 통화신용 정책에 관한 주요 사항을 심의·의결하는 정책결정 기구로서 총 7인으로 구성된다. 한국은행 총재는 금통위 의장을 겸임하며 국무회의 심의를 거쳐 대통령이 임명한다. 부총재는 총재의 추천에 의해 대통령이 임명하며, 다른 5인의 위원은 각각 기획재정부 장관, 한국은행 총재, 금융위원회 위원장, 대한상공회의소 회장, 전국은행연합회 회장 등의 추천을 받아 대통령이 임명한다. 미국, 영국, 독일, 프랑스와 같은 선진국의 중앙은행의 의사결정기구에 정부 측 인사가 배제되어 있으나, 금통위 위원은 정부 측 인사가 포함되어 있다. 한국은행 총재의 임기는 4년이고, 부총재는 3년으로 각각 1차에 한 해 연임할 수 있다. 이러한 짧은 임기 때문에 금통위 위원들은 재임 대통령에 의해서 임명될 가능성이 높다. 정리하면, 제한적인 금융정책 권한, 금통위 위원들의 임명절차, 한국은행 총재의 짧은 임기는 한국은행의 행정부에 대한 의존성을 증가시킨다.

종합적 평가

한국 정치제도의

140페이지 표에 의하면 대부분의 한국 정치제도는 다수제 모형에 가깝다. 다수 지배에 유리한 제도적 특징은 다음과 같다. 첫째, 선거제도와 정당체제를 살펴보면, 한국에서는 전체 의원의 6분의 5에 해당하는 국회의원을 소선구에서 선출하므로 양당체제를 산출하는 경향이 있다. 둘째, 행정부 법안발의권이나 독점적 예산편성권과 같은 의회제 요소는 행정부를 강화시킨다. 셋째, 대통령 권한을 강화시키는 다양한 제도들은 대통령의 여당 장악력을 증가시켜, 여대야소 상황에서 행정부에 의존적인 입법부를 형성시킨다. 넷째, 단원제 의회구조와 국회선진화법 이전의 다수결 의결규칙, 그리고 국회의장 직권상정 절차는 소수당의 다수당 견제력을 약화시킨다. 다섯째, 대선과 총선의 일정 차이는 분점정부 형성 가능성을 높이는 반면, 총선이 대통령 임기 중간에 항상 치러지는 것이 아니므로 한국에서는 미국에 비해 단점정부가 형성될 가능성이 상대적으로 높다. 여섯째, 한국의 단방제는 지방정부의 중앙정부 견제기능을 약화시킨다. 일곱째, 대통령이 헌법재판관 9인 중 7인의 임명에 영향을 미칠 수 있는 헌법재판관 임명제도와 짧은 헌법재판관 임기는 사법부의 독립성을 약화시킨다. 여덟째, 행정부에 종속된 중앙은행은 행정부와 다수 여당의 권한을 강화시킨다.

한국의 정치제도

정치제도	평가	다수 지배에 유리한 요소	소수 보호에 유리한 요소
선거제도 정당체제	다수제 편향	• 소선거구 위주 선거제도 • 지나치게 적은 비례대표 의석 • 양당 지배체제	• 대선 및 총선 일정 불일치 • 준연동형 선거제도
행정부–입법부 관계 및 대통령 권한	선진화법 이전 다수제 편향	• 선진화법 이전 여대야소 • 여당의 강한 정당결속력 • 정부의 독점적 예산편성권 • 다양한 의회제적 요소 • 행정명령 권한 남용 소지 • 다양한 대통령 권한	• 선진화법 이전 여소야대 • 제한적 행정명령 권한
의회제도	선진화법 이후 합의제 강화	• 단원제 • 선진화법 이전 입법규칙(상임위 및 본회의 다수결 규칙 및 국회의장 직권상정 절차)	• 국무회의 대응 상임위 구성 • 소수당 상임위 배분 • 법사위원장 소수당 배분 • 선진화법 이후 초다수결 규칙
정부 유형	다수제 편향	• 17대 국회 이후 50%를 상회하는 단점정부 형성	• 대선과 총선의 일정 차이
중앙–지방 정부 관계	다수제 편향	• 단방제 • 지방정부의 중앙정부에 대한 사무·재정·인사의 예속성	• 총선·대선·지방선거 일정 불일치
사법부 위헌심사	다수제 편향	• 정부·여당 주도 헌재 구성 • 짧은 헌법재판관 임기	• 대통령 임기와 헌법재판관 임기 불일치
중앙은행 독립성	다수제	• 제한적 금융정책 권한 • 한국 은행장의 짧은 임기 • 대통령 임명 권한	

한국 정치제도들은 소수 보호에 유리한 특성들도 가지고 있다. 첫째, 준연동형 선거제도가 위성정당 없이 작동한다면, 제한적이지만 군소정당의 의회진입을 어느 정도 촉진할 수 있다. 둘째, 여소야대 상황에서 다수 야당은 행정부를 견제할 수 있고 여소야대 상황에서 대통령은 다수 야당에 거부권을 행사할 수 있다. 셋째, 대통령이 위헌적인 행정명령권을 남용하지 않는다면 대통령의 제한적인 행정명령 권한은 대통령 권한을 약화시킨다. 넷째, 국회선진화법 이후 여당이 5분의 3 이상의 의석을 확보하지 않는 한, 소수 야당도 행정부와 다수 여당을 견제할 수 있다. 다섯째, 소수당에게도 상임위원장을 배분하고 법제사법위원회 의장직을 야당에 배분하는 관행은 다수당에 대한 소수당의 견제력을 향상시킨다. 여섯째, 지방선거 일정이 총선 및 대선과 일치하지 않으므로, 중앙정부의 다수당과 다른 지방정부 다수당이 형성될 수 있다. 일곱째, 대통령 임기와 헌법재판관 임기가 완전히 일치하지는 않는다.

◆ 나가는 말 ◆

한국 정치제도 설계 방향

2장의 논의에 의하면, 거래비용과 순응비용의 합은 구성원이 얼마나 이질적인가에 따라서 달라진다. 국가 구성원이 이질적인 국가에서는 소수가 치러야 하는 순응비용이 증가한다. 이러한 국가에서는 인종적·문화적·언어적 소수를 보호할 수 있는 합의제적인 정치제도가 적합하다. 한국 사회는 경제적 양극화가 심화되고, 세대 간 선호의 차이가 분명해지면서, 한국 국민들의 이질성이 증가하고 있다(문우진 2018). 뿐만 아니라, 다문화 가정의 증가로 인한 문화적 다변화는 한국 사회의 이질성을 심화시키고 있다. 강신구(2012)는 한국 국민의 의식 역시 합의제적 가치체계를 형성시키고 있다는 사실을 발견했다. 한국 사회가 이와 같은 변화를 겪고 있다면, 한국 정치제도 설계는 합의제적인 요소를 확대하는 방향으로 나가는 것이 적합하다.

3장에서 살펴본 바와 같이, 한국에서의 행정부-입법부 관계는 다수제적 특성을 강화시키는 요소를 가지고 있다. 행정부는 의회제에서와 같이 법안을 발의할 수 있으며 독점적인 예산편성권을 가지고 있다. 이러한 제도적 환경에서 대통령이 다수 여당을 장악할 경우, 대통령은 입법적 의제설정 권한을 가지게 된다. 따라서 대통령 권한을 강화시키는 의회제적 요소를 제거하고, 대통령의 여당 장악 능력을 약화시키는 제도 개혁은 한국 정치제도의 합의제적 요소를 강화시킬 수 있다. 예컨대, 미국에서와 같이 국회가 독점적인 법안 발의권을 행사하게 되면, 국회의 행정부 견제능력은 강화된다. 반면 예산편성권을 국회에 부여할 경우, 행정부의 입법적 권한 약화로 얻게 되는 긍정적인 효과에 비해 부정적인 효과가 더 클 수가 있다. 재선을 가장 중요한 목표로 삼는 국회의원들은 자신의 지역구에 수혜성 사업을 제공하기 위해 예산을 낭비할 가능성이 높다. 따라서 예산편성권을 국회에 부여하면 불필요한 예산지출로 인해 재정적자를 초래할 가능성이 높다.

대통령의 입법적 권한은 다수결 의회의 여대야소의 상황에서 증가하고 여소야대 상황에서 감소한다. 권위주의적인 대통령이 여대야소의 상황에서 통치할 경우 대통령이 제왕적인 권한을 행사하게 되고, 권위주의적인 대통령이 무능하거나 부패할 경우 최악의 상황이 벌어진다. 대통령의 임기와 대선 일정은 여소야대 상황이 초래될 가능성에 영향을 미친다. 문우진(2022)은 총선이 대선으로부터 멀리 떨어져서 치러질수록, 여당 국회의원 후보의 당선가능성이 감소한다는 경험분석 결과를 보여주었다. 반면 대통령 임기 초반에 총선을 치르면 여당에 유리한 총선 결과가 산출되고 여대야소 상황이 초래될 가능성이 높다. 이러한 분석결과는 권위주의적이고 무능한 대통령 임기 초반에 총선이 치러진다면, 이러한 대통령이 임기 내내 여대야소의 상황에서 통치할 수 있다는 것을 의미한다. 문우진 (2022)은 선거경쟁이 여야 중 한쪽에 더 유리하게 작동할 가능성은 대통령 재임기간 2년 차에 치러지는 총선에서 가장 작아진다는 사실을 발견했다. 따라서 대통령 임기를 4년으로 줄이고 총선을 대통령 임기 2년 차에 치르게 하면, 권위주의적이고 무능한 대통령이 임기 내내 여대야소 상황에서 통치할 가능성을 줄일 수 있다.

한국 대통령은 검찰 권력을 이용해 여당뿐만 아니라 야당 국회의원까지 통제할 수 있다. 한국 대통령은 법무부장관의 제청을 받아 국무회의 심의를 거쳐 검찰총장을 임명하며, 검찰총장의 임명은 국회의 동의를 필요로 하지 않는다. 미국의 경우, 대통령이 연방 검찰총장과 연방 검사는 대통령이 임명하나, 대통령은 상원의 조언과 동의를 필요로 한다. 독일 역시, 연방 검찰총장과 연방 검사의 임명은 법무부장관의 제청과 상원의 동의를 필요로 한다. 한국에서도 검찰총장의 임명에 국회의 동의가 필요하게 되면, 대통령이 검찰을 장악할 가능성은 줄어든다. 특히 여소야대의 상황에서는 다수 야당의 동의를 필요로 하므로, 검찰총장의 임명에 국회의 동의를 요구한다면 대통령이 검찰 권력을 통해 입법부를 지배할 가능성이 낮아진다.

대통령의 행정명령 권한은 대통령의 입법적 권한을 강화시키므로, 행정명령 권한을 약화시키는 정치제도 개혁은 한국 정치제도의 합의제 요소를 강화시킨다. 3장에서 살펴본 바와 같이, 대통령의 행정명령 권한은 입법부에서 만든 법률을 집행하기 위한 목적으로 사용되어야 한다. 대통령의 행정명령 권한을 약화시키는 방법은 국회가 행정명령에 수정을 가할 수 있도록 하는 것이다. 이럴 경우, 대통령은 행정명령을 통한 입법적 의제 설정권을 상실하게 된다. 여야는 2015년 5월 29일에 행정명령이 법률 취지·내용에 부합하지 않을 경우 국회가 그 내용을 수정·변경하도록 한 국회법 개정안을 통과시켰다. 박근혜 대통령의 거부권 행사로 이 법안은 사문화되었으나, 대통령의 위헌적인 행정명령을 제한할 수 있는 국회법 개정안이 통과될 필요가 있다.

한국 정치제도 중 다수제적 특성을 가장 강화시키는 제도는 선거제도이다. 지역구 의원이 의원 정수의 84.3%를 차지하는 한국 선거제도는 군소정당의 의회진입을 어렵게 한다. 2023년 초반부터 정치권은 대표성과 비례성을 향상시키기 위해 다양한 비례대표제 도입 논의를 전개하고 있다. 국회 정치개혁 특별위원회는 2023년 3월 17일에 "국회의원 선거제도 개선에 관한 결의안 의결"에 대한 보도자료를 배포했다. 보도 자료에 의하면, 헌법개정 및 정치제도 개선 자문위원회는 ① 소선거구제와 권역별·병립형 비례대표제, ② 소선거구제와 권역별·준연동형 비례대표제, ③ 도농복합 중대선거구제와 권역별·병립형 비례대표제를 제안했다. ①안과 ②은 비례대표 의원을 97명으로 늘리기 위해 의원정수를 350명으로 증원하는 내용을 담고 있으며, ③안은 비례대표 의석을 70석 정도로 늘리는 만큼 지역구 의석을 줄이는 방안이다. 비례성이 높은 선거제도의 도입은 한국 정치제도의 합의제적 성격을 강화시킨다. 이러한 정치제도 개혁은 다수지배와 소수보호라는 서로 상충하는 원리에서 소수보호에 더 유리한 결과를 초래한다.

여기서는 한국에서 합의제적 성격을 강화시키기 위한 정치제도 개혁 방안들을 제시했다. 그러나 여기서 지적하고 싶은 사실은 한국에서 합의제적인 정치제도를 도입한다고 한국 민주주의가 발전하는 것은 아니라는 사실이다. 물론 권위주의 국가에서 독재자의 권력을 분산시키고 견제하면 민주주의의 수준이 높아질 수 있다. 그러나 권위주의 국가에서 독재 권력을 견제하는 것과 민주주의 국가에서 권력을 분산시키는 것은 서로 다른 문제이다. 예컨대, 민의를 존중하는 대통령 권력을 당파적 이익만 추구하는 의회와 분점하면, 민주주의는 후퇴한다. 합리적인 중앙정부의 권력을 부패한 지방정부와 분점하면, 부정부패는 심해진다. 문우진(2020)은 비례대표제를 포함하는 권력분산형 정치제도가 민주주의 질을 개선시키는 효과가 있는가를 검증했다. 문우진(2020)의 경험분석은 비례대표성이 높은 선거제도를 통해 정당의 수를 증가시키거나, 권력분산을 위해 헌법 체계 행사자의 수를 증가시키거나, 지방분권을 실현한다고 해서, 민주주의 질이 향상되거나 자유가 더 보장되거나 부정부패가 줄어드는 것은 아니라는 사실을 보여주었다.

민주주의 국가에서의 권력분산은 국가 자원이 다수와 소수 중누구에게 더 유리하게 더 배분되는가의 문제, 즉 다수와 소수 간 이익균형과 관련된 문제이다. 권력분산형 정치제도를 가지고 있는 서구 민주주의 국가의 공통점은 정당들이 당원들에 의해서 민주적으로 운영되며, 정당이 시민사회와 국가를 연계하는 기능을 효과적으로 수행한다는 것이다. 한국 정치의 가장 심각한 문제는 정당이 시민사회와 국가를 연계하는 기능을 충실하게 수행하지 않는다는 것이다. 한국 정당은 시민사회의 다양한 집단의 이익을 대변하고 이들의 갈등을 입법적으로 조정하는 역할을 수행하는 대신, 오히려 정치 갈등을 유발하고 정치양극화를 촉진하면서 국회를 정치엘리트들의 권력투쟁의 장으로 만들어 버렸다.

이러한 문제는 다수와 소수 중 누구에게 유리한 입법결과를 산출할 것인가, 즉 "누구를 대표할 것인가"의 문제가 아니라 "누가 대표할 것인가"의 문제이다(문우진 2021). 대의민주주의에서는 주인인 국민이 대리인인 정치인을 선발해 자신의 이해를 대변하도록 한다. 그러나 대리인이 주인의 이익을 대변하지 않고 자신의 이익을 추구할 때 "대리인 문제"(agency problem)가 발생한다. 대리인 문제는 누가 대표할 것인가의 문제이며, 정당이 다양한 시민사회 집단들의 이해를 대변할 동기와 능력이 있는 대리인이 대표하게 되면 대리인 문제는 감소한다. 한국 민주주의 발전을 도모하기 위한 정치개혁은 다수와 소수 중 누구를 얼마나 더 대표할 것인가의 문제와 관련된 "당간 차원 대표성" 못지않게 누가 대표할 것인가의 문제와 관련된 "당내 차원 대표성"을 증진시키는 것이 중요하다(문우진 2021).

권력구조와 선거제도는 주로 다수와 소수의 이익 균형 문제, 즉당 간 차원 대표성에 영향을 미치며, 합의제 특성을 강화시키는 정치제도 개혁은 이전 보다 소수에 더 유리한 결과를 초래한다. 반면 정당공천 및 후보선발 방식은 대리인 문제, 즉 당내 차원 대표성에 영향을 미친다. 자신의 권력 유지에 몰두하는 기득권 정치엘리트 대신 정책대변의 기능을 충실하게 수행할 동기가 있는 대리인을 선발할 수 있는 정당개혁이 성공적으로 이루어질 때, 정책경쟁의 부재가 초래하는 다양한 한국 정치의 문제들이 해소될 수 있다. 이 책은 합의제 성격을 강화시키는 정치제도 개혁과 함께 대리인 문제를 억제할 수 있는 정당개혁이 한국 민주주의를 발전시킬 수 있다는 사실을 강조하면서 마무리하고자 한다.

국내 문헌

강신구. 2012. "어떤 민주주의인가?: 제도와 가치체계의 조응을 통해 바라 본 한국 민주주의의 발전방향 모색". 『한국정당학회보』 11(3): 39-67.

김태룡. 1996. "한국에서의 중앙정부와 지방정부: 관계와 변천". 『도시행정학보』 9: 47-71.

문우진. 2011. "다당제에서의 당파표결과 정당충성도: 17대 및 18대 전반국회 분석". 『의정연구』 17(2): 5-40.

_____. 2018. 『한국 민주주의의 작동원리: 한국에서 다수는 어떻게 형성되는가』 서울: 고려대학교 출판문화원.

_____. 2020. "권력분산 제도는 한국 민주주의의 무엇을 바꿀 수 있는가?: 헌법 체계행사자 모형 분석". 『한국정당학회보』 19(1): 97-127.

_____. 2021. 『누가 누구를 대표할 것인가: 국민주권 실현을 위한 정치제도 설계』 서울: 후마니타스.

_____. 2022. "국회의원 후보의 당선 결정 요인 분석: 경제상황, 대통령 지지율, 선거시점, 정당지지율과 후보의 개인배경". 『의정연구』 28(3): 115-148.

송상훈 · 이현우. 2011. "지방의 희생을 강요하는 재정현실". 『이슈와 진단』 10: 1-20.

심익섭. 2010. "중앙과 지방정부 간의 합리적 권한 관계에 관한 비교연구". 『사회과학연구』 16(2): 5-32.

전진영. 2010. "제18대 국회 원내정당의 정당응집성 분석". 『한국정당학회보』 9(2): 119-38.

_____. 2011. "국회의장 직권상정제도의 운영현황과 정치적 함의". 『한국정치연구』 20(2): 53–78.

현근 · 우영춘. 2005. "중앙재정과 지방재정의 규모 및 국민경제효과 비교". 『한국정책과학학회보』 9(4): 475–501.

외국 문헌

Arrow, Kenneth J. 1963. Social Choice and Individual Values. New Haven: Yale University Press.

Achen, Christopher H.; Bartels, Larry M. 2016. Democracy for Realists: Why Elections Do Not Produce Responsive Government. Princeton: Princeton University Press.

Buchanan, James M. and Gordon Tullock. 1962. The Calculus of Consent: Logical Foundation of Constitutional Democracy. Ann Arbor: The University of Michigan Press.

Easton, David. 1965. A Framework for Political Analysis. Englewood Cliffs, NJ: Prentice–Hall, Inc.

Lijphart, Arend. 1994. Electoral Systems and Party Systems: A Study of Twenty-Seven Democracies, 1945–1990. Oxford: Oxford University Press.

_____. 1999. Patterns of Democracy: Government Forms and Performance in Thirty Six Countries. New Haven: Yale University Press.

Lipset, Seymour M. 1997. American Exceptionalism: A Double–Edged Sword. New York: W. W. Norton & Company.

Polanyi, Karl. 1957. The Great Transformation. Foreword by Robert M. MacIver. Boston: Beacon Press.

Powell, G. B. Jr. 2000. Elections as Instruments of Democracy. New Haven: Yale University Press.

Rae, Douglas W. 1971. The Political Consequences of Electoral Laws. New Haven: Yale University Press.

Schmitter, Philippe C. 1982. "Reflections on Where the Theory of Corporatism Has Gone and Where the Praxis of Neo-corporatism May be Going". In Patterns of Corporatist Policy-Making, edited by Gerhard Lehmbruch and Philippe C. Schmitter, 259-290. London: Sage.

Schumpeter, Joseph A. 1976. Capitalism, Socialism and Democracy. New York: George Allen & Unwin Ltd.

Shugart, Matthew S. and John M. Carey. 1992. Presidents and Assemblies. New York: Cambridge University Press.

Tsebelis, George. 2002. Veto Players: How Political Institutions Work. New York and Princeton: Russell Sage Foundation and Princeton University Press.

이 저서는 2017년 대한민국 교육부와 한국연구재단의
한국사회과학연구(NRF—2017S1A3A2066657)의 지원을 받아 수행한 연구임.

정치연구총서 01

대의 민주주의와 한국 정치제도
다수 지배와 소수 보호의 균형을 위한 정치제도 설계

제1판 1쇄 2023년 8월 30일

지은이   문우진
펴낸이   장세린
편집   배성분, 박을진
디자인   얼앤똘비악

펴낸곳   (주)버니온더문
등록   2019년 10월 4일(제2020-000051호)
주소   서울특별시 용산구 청파로93길 47
홈페이지   http://bunnyonthemoon.kr
SNS   https://www.instagram.com/bunny201910/
전화   010-3747-0594 팩스 050-5091-0594
이메일   bunny201910@gmail.com

ISBN   979-11-980477-4-8 (94340)
ISBN   979-11-980477-3-1 (세트)